DUMONT
DIREKT

Amsterdam

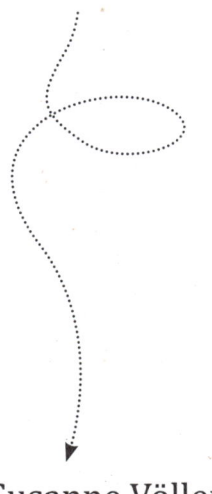

Susanne Völler

Inhalt

Das Beste zu Beginn

Die Liebe zur Stadt geht durch den Magen

Eine Stadt lernt man immer auch durch ihre Küche kennen – und die ist hier so multikulturell wie ihre Bewohner. 180 Nationen leben in Amsterdam, und am buntesten ist es wohl in De Pijp mit seinem Albert-Cuyp-Straßenmarkt. Kreuz und quer durchs Viertel und seine Kochtöpfe ist man mit den Ladies von den Hungry Birds (s. S. 69) unterwegs.

Cocktail mit Lieblingsblick

Rauf aufs Volkshotel, einen Sitz auf der Dachterrasse im Canvas sichern und bei einem verdammt leckeren Cocktail den Sonnenuntergang genießen – mit Traumblick auf die Stadt. Ein gutes Abendprogramm! Noch besser wird's, wenn am Wochenende DJs auflegen (▶ S. 107).

Sightseeing per Brett

Suppen ist ein beliebtes Hobby der Amsterdamer. Damit ist jedoch kein kulinarischer Höhenflug gemeint, sondern ein sportlicher. Denn *Suppen* ist das holländische Verb zu SUP: Stand-up-Paddling. Zum Glücklichsein gehören ein 3 m langes und 80 cm breites Board, Paddel, Neoprenanzug oder Bikini. Und gesund ist das Ganze auch noch (▶ S. 25).

Humans of Amsterdam

Sie wollen wissen, was die Amsterdamer bewegt? Dann schauen Sie sich auf den Straßen um oder einfach schon zu Hause auf die hinreißende Website www.humansofamsterdam.nl. Debra Barrauds Online-Galerie zeigt mehr als 1000 Portraits von großen und kleinen Amsterdamern.

Amsterdam skurril

Rund um die Oude Kerk, die älteste Kirche der Stadt, ist die Zahl der Hurenfenster am höchsten. Und just hier, im Rotlichtviertel, trifft man auch die Ur-Amsterdamer, die gern ein *praatje* mit den Prostituierten halten (▶ S. 29).

Essen mit Fremden
Überraschung: Sie wissen weder, was gekocht wird, noch mit wem sie essen werden. In Caros ›Huiskamerrestaurant‹, was so viel heißt wie Wohnzimmerrestaurant, wird freitagabends ein absolut bezahlbares Drei-Gänge-Menü serviert (inkl. Kaffee/Tee). Mal geht es hoch her an der Tafel, mal ist es ruhiger. Doch Essen und Gäste sind eigentlich immer einen Besuch wert (www.carokookt.nl).

Unser Grachtenwasser soll besser werden …
… lautet die Devise von Waternet, der Wasserschutzbehörde. Man kann sogar darin baden – wirklich! Was vor wenigen Jahren noch undenkbar gewesen wäre, beweisen Jahr für Jahr im September fast 3000 Teilnehmer beim City Swim (www.amsterdamcityswim.nl), 2012 stieg sogar Prinzessin Máxima ins Wasser. Wer schwimmt mit?

Grachtenfeeling
An Deck eines alten Kutters, der zum gut besuchten Tag- und Nachtcafé P96 gehört, sitzt man direkt auf der Prinsengracht, mit Blick auf den Turm der Westerkerk und schön renovierte Grachtenhäuser. *Lekker eten en drinken* – mehr Glückseligkeit geht nicht (▶ S. 53).

Mein letztes Fundstück
Wer sich gar nicht von der Stadt trennen mag, kann sie am Fingerring bei sich tragen. In Form der Amsterdamer Grachtenkulisse, die Goldschmiedin Ola Shekhtman entworfen hat. Für knapp 90 € online bei Etsy zu erwerben: www.etsy.com/de/shop/Shekhtwoman.

Sie treffen mich oft am oder auf dem Wasser an. Denn auch wenn ich die Stadt seit Langem kenne, verlieren die Grachten doch für mich nie an Reiz. Ob auf dem P96 (s. o.), an Bord eines Elektrobootes, auf den Badeplanken der KNSM-Insel oder einer Bank an der Amstel: Das ist einfach SCHÖN!

Fragen? Erfahrungen? Ideen?
Wir freuen uns auf Post.

Mein Postfach bei DuMont:
s.voeller@dumontreise.de

Das ist Amsterdam

Die Ankunft mit dem Zug ist die schönste Art, Bekanntschaft mit Amsterdam zu schließen. Ähnlich sahen Seefahrer jahrhundertelang die Stadt vor sich auftauchen. In einem letzten großen Bogen fährt die Bahn auf die größte Pfahlbausiedlung der Welt zu, scheint ein paar Meter übers Wasser zu gleiten, um dann langsam in die beeindruckende Bahnhofshalle einzufahren. Wo einst nur Wasser und weiter Himmel waren, schiebt heute die Centraal Station einen Riegel zwischen Innenstadt und IJ, diese durch Schleusen vom IJsselmeer abgetrennte Bucht. Fast 9000 Holzpfähle sind es übrigens, die den Hauptbahnhof stützen, ein paar hundert braucht es schon für ein schmales Haus, und der Königspalast ruht gewichtig auf 13 659.

Metropole im Taschenformat
Wichtigstes Kapital der Stadt ist ihre Grachtenidylle – sie bezaubert jeden. Gleiches tun die etwas aus dem Gleichgewicht geratenen Giebelhäuser, deren Haupt sich mehr oder minder gefährlich nach vorn neigt. Und die etwas steif grüßenden Türme der zahlreichen Kirchen mit ihren Glockenspielen, die auch mal einen Popsong klimpern. Die Fassaden mit den Giebelsteinen, quasi das ›Who's who‹ der Amsterdamer, bevor Napoleon ihnen zu nahe trat. Die Hofjes, begrünte Innenhofoasen, mit ihrer ganz eigenen Welt. Die Hausboote, Symbol einer besonderen Lebensauffassung. Das reiche Kunst- und Kulturerbe, das nicht nur in den gut 60 Museen und knapp 150 Galerien mit viel Liebe und Sorgfalt gepflegt wird.

Calvinistisches Understatement
Kaum einer, der sich dem Reiz Amsterdams entziehen könnte – und das, obwohl der holländischen Metropole die ganz großen Highlights fehlen. Ein Pendant zum Eiffelturm, zur Golden Gate Bridge, zum Brandenburger Tor? Fehlanzeige. Dafür erwartet die Millionen in- und ausländischer Besucher, die Jahr für Jahr nach Amsterdam kommen, die größte historische Innenstadt Europas. Mit knapp 9000 Baudenkmälern aus dem 16. bis 18. Jh. braucht Amsterdam nicht tiefzustapeln: Keine andere Stadt der Welt hat pro Quadratmeter so viele Sehenswürdigkeiten zu bieten wie die niederländische Hauptstadt. Wie ein aufgeschlagenes Bilderbuch zu Stadtgeschichte und -architektur präsentiert sich die Innenstadt – Altstadt, Grachtengürtel und Jordaan – dem Besucher.

Denkmalschutz goes Pragmatismus
Das besondere Geheimnis der Stadt besteht darin, dass das historische Erbe mit dem Leben von heute Hand in Hand geht. Freilichtmuseum Amsterdam? Weit gefehlt! Denkmalpflege wird hier so funktionell und nüchtern wie möglich betrieben: Besser, eine alte Kirche in neue Büroräume zu unterteilen, als sie mangels Kirchgängern und Geld abzureißen und ein neues Bürogebäude zu errichten. Die Fassaden von heruntergekommenen Häusern werden saniert, während dahinter ein von Grund auf neues Haus entsteht. Leerstehenden Fabriken bleibt die Abrissbirne erspart, sie werden umge-

Blaue Adern durchziehen Amsterdam, sie spiegeln die Vielfalt auf ihrer Oberfläche.

nutzt und erfreuen sich einer neuen Funktion. So wie das alte Gebäude des Volkskrant an der Wibautstraat, in dem sich heute 90 Ateliers, Musikstudios und Büros für Kreative, ein Hotel, ein Nachtclub, eine Bar und ein Restaurant finden. *Broedplaats,* Brutplatz, nennen die Amsterdamer das. Und was anfangs nur als Übergangslösung für kurze Zeit gedacht war, bleibt schnell für Monate und Jahre. Oder für immer.

Arbeiten an der Zukunft

Die Stadt erfindet sich gerade neu. Entwirft neue Viertel oder strukturiert alte um. Entdeckt seine Ufer am IJ, die jahrhundertelang unbeachtet blieben und schafft hier Architektur der Superklasse. Und Erholungsgebiete. Kehrt ihr Gesicht endlich wieder dem Wasser zu. Baut neue Inseln im Osten der Stadt und widmet alte um. Richtet ihren Blick nicht mehr nur nach innen, dem stolzen Grachtengürtel zu, der 2010 als UNESCO-Welterbe geadelt wurde, sondern nach außen, weiter und weiter. Diese Entwicklungen sind auch für Besucher von großer Bedeutung. Auch ihr Radius wird größer. Und sie werden mutiger, neugieriger. Erleben, wie die marode NDSM-Werft ihr Gesicht verändert und zur Kunst- und Freizeitoase wird. Wie das ehedem verpönte Noord zur Kultur- und Wohnmeile aufsteigt. Sie entdecken neue Kulturstätten außerhalb der Grachten. Greifen zum Rad und erobern Wald und Wiesen, Parks und Polder am Stadtrand. Genießen in Amsterdam gebrautes Bier an schrägen Orten, feiern Partys an Pop-up-Stränden, tanzen in den *broedplaatsen* in die Nacht. Und das sollten sie auch, denn das Zentrum wird immer voller. Doch allen Neu-Erfindens zum Trotz: Das Geflecht der Grachten birgt einen Zauber, dem Sie sich zu guter Letzt noch einmal hingeben sollten. Am besten am frühen Morgen oder am späten Abend. Egal, ob an Heren-, Keizers- oder Prinsengracht, egal, welche Bank oder welche Caféterrasse Sie auch ansteuern: diese Magie – das ist Amsterdam!

Amsterdam in Zahlen

0
Wasserungeheuer in den
Grachten – bislang ...

1
Nachtbürgermeister, der die
Stadt ›regiert‹

2
Autos werden jährlich aus der
Gracht gefischt, dazu 12 000
Fahrräder und 15 Leichen,
meist männlich

10
Monate muss ein originaler
Amsterdamer Gouda mindestens
reifen

66
Tore schoss Ajax Amsterdam
2015 – für den Meistertitel
reichte es trotzdem nicht

68
Euro kostet es, einen Tag in den
Straßen im Zentrum zu parken,
mindestens ...

75
Kilometer sind die Grachten lang

100
Gramm wiegt eine typische
›Amsterdamse Frikandel‹

180
Nationalitäten leben in
Amsterdam, mehr als in jeder
anderen Stadt der Welt

756
Ladestationen bieten Stoff für
Elektro-Autos – und es werden
ständig mehr

2500
Hausboote dümpeln in den Grachten: einst eine Notlösung, heute eine Kapitalanlage

2665
Cafés und Restaurants sorgen sich um das Wohl ihrer Gäste – und täglich kommen neue hinzu

9000
Konzerte und Theatervorstellungen gibt es in der ›Wundertüte Amsterdam‹ pro Jahr

13 659
Pfähle aus Tannenholz tragen den Königspalast am Dam

100 000
Kilo Softdrugs gehen jährlich in den Coffeeshops der Stadt über die Theke – offiziell ...

881 000
Fahrräder zählt die Stadt – mehr als Einwohner

1 000 000
Schaustücke besitzt das Rijksmuseum, 8000 sind ausgestellt

17 300 000
Besucher zählte Amsterdam im Jahr 2017 – Tendenz steigend

1828
Brücken zählt die Stadt – mehr als Venedig sein eigen nennt

Was ist wo?

In den letzten 15 Jahren hat sich in Amsterdam viel getan, die Stadt erfindet sich gerade neu und versucht, auch den Vierteln außerhalb des mittelalterlichen Stadtkerns und des Grachtengürtels ein Gesicht zu geben. Wer ein paar Schritte mehr wagt und den Blick um die Ecke nicht scheut, erlebt ein (noch) recht unbekanntes Amsterdam.

Altes Zentrum

Doch auch das **Oude Centrum** (📖 F/G 3/4), der älteste, durch Singel und Oude Schans, Amstel und IJ begrenzte Stadtteil, ist vom aufgehübschten Puppenstuben-Ambiente weit entfernt. Zwar mutet das Straßengeflecht mit den zahlreichen Stiegen und Gassen noch immer mittelalterlich an, doch liegen hier, zwischen spektakulären Bauten wie **Palast, Oude Kerk** und **Nieuwe Kerk** auch Kleinodien wie eine Schlupfkirche und die lebendigen **Rotlicht-** und **Chinesenviertel.**

Grachtengürtel

Wie bei einer Zwiebel liegen die einzelnen Stadtschichten in Amsterdam konzentrisch übereinander. Um das Oude Centrum legt sich halbmondförmig der berühmte Grachtengürtel mit seinen drei Ringen. Ein Meisterwerk, dieses Spinnennetz. Der seit 2010 UNESCO-geschützte **Grachtengordel** (📖 D–G 3–7) entstand im Rahmen der ersten großen Stadterweiterung im Goldenen (17.) Jahrhundert in zwei Bauphasen zwischen Brouwersgracht und Amstel. In diesem Teil der Stadt dominiert die schöne, facettenreiche **Giebelhausarchitektur** des 17. und 18. Jh., die mal herrschaftlich, mal beschaulich daherkommt.

Jordaan

Zeitgleich mit dem nördlichen Teil des Grachtengürtels (bis zur Leidsegracht) entstand im Nordwesten der Stadt ein damals ungeliebter Appendix, der **Jordaan** (📖 D/E 2–5), heute eines der beliebtesten Wohngebiete Amsterdams. Einst war das jetzige In-Viertel am Fuß des viel besungenen **Westertoren**

zwischen **Singel-, Brouwers-** und **Prinsengracht** die Wohngegend der kleinen Leute. Inzwischen leben und arbeiten hier neben Urgewächsen Kreative und Yuppies, haben sich zahlreiche Galerien, Boutiquen und Läden angesiedelt. Im malerischen Jordaan geht es ausgesprochen lebhaft zu, auch dank seiner Märkte, Lädchen und der bunten Restaurant- und Kneipenszene. Nur in den stillen **Hofjes** scheint das brausende Leben außen vor zu bleiben.

Westerpark

Einen Tick westlich des Jordaan liegt die **Westerparkbuurt,** ab Ende des 19. Jh. Wohngebiet für Bahn- und Hafenarbeiter. Zum (Turbo-)Motor des lange träge vor sich hin dümpelnden Stadtteils wurde Ende des 20. Jh. die Transformation der **Westergasfabriek** (📖 C/D 1) in eine Kultur-Walhalla. Das einstige Gaswerk zählt heute zu den ungewöhnlichsten Kulturstätten der Stadt und lockt mit üppigem Grün des **Westerparks** und einem architektonischen Highlight gleich um die Ecke, dem Vorzeigebau der Amsterdamer Schule, **Het Schip.** Und von hier sind die Polder nur eine Radtour entfernt!

Museum- und Spiegelkwartier

Im **Spiegelkwartier** (📖 E 5/6) dominieren Galerien, Kunst- und Antiquitätengeschäfte. **Rijks-, Van Gogh-** und **Stedelijk Museum** sind von großzügig angelegten Straßen umgeben, die vom **Museumplein** (📖 D/E 7) abgehen, dem größten Platz Amsterdams. In dieser Ecke liegt auch die eleganteste Einkaufsgegend der Stadt – und ihr schönster Park: der **Vondelpark** (📖 A–D 6–8).

De Pijp

De Pijp (📖 E–G 7/8) ist der wohl bunteste Stadtteil Amsterdams – und das nicht nur, weil hier Menschen aller Nationalitäten zusammenleben. Auch die Vielzahl der kleinen Lädchen, ausländischen Imbisse und Restaurants und der berühmteste Markt der Niederlande, der **Albert Cuypmarkt,** auf dem sich buchstäblich die ganze Welt trifft, prägen das Studenten- und Künstlerviertel.

De Plantage

Dort, wo eigentlich der Grachtengürtel im Osten der Stadt prächtig weiterlaufen sollte (Amsterdam war die Luft resp. das Geld ausgegangen), entstand im 19. Jh. die **Plantagebuurt** (📖 G–K 5/6) als Erholungs- und Vergnügungsareal. Die noch heute großbürgerliche Wohngegend ist erstaunlich grün, nicht zuletzt dank **Artis Zoo, Hortus Botanicus** und **Oosterpark.** Mit dem **Artisplein** gelang der Stadt ein großer Wurf: Der großzügige Platz hat innerhalb kürzester Zeit seinen Platz im Herzen und im Alltag der kritischen Amsterdamer gefunden.

Oostelijke Eilanden

Wasser ist hier das vorherrschende Element. Am Wasser gebaut sind **Scheepvaartmuseum** und die Top-Tempel der Musik: **Muziekgebouw, Bimhuis** und **Conservatorium.** Aus dem Wasser wachsen die mehr oder weniger neuen **Inseln** des Viertels – von Javaeiland über Sporenburg bis nach IJburg (📖 J/K 2/3 und Karte 3). Übrigens absolute Sahneschnittchen, nicht nur für Architekturfans.

Noord

Nur eine kurze Fährfahrt vom Zentrum, und **Noord** (📖 Karte 5) auf der Sonnenseite des **IJ** ist erreicht. Das lange vernachlässigte Viertel durchlebt zurzeit eine Metamorphose sondergleichen. Der Startschuss dazu fiel mit der Umwidmung der alten **NDSM-Werft** in einen Hochkaräter im städtischen Kulturbetrieb. Nicht mehr aufzuhalten ist die Entwicklung spätestens, seit das Filmmuseum EYE hier direkt am Wasser residiert. Und seinen (sicherlich nicht) letzten Höhepunkt erfuhr Booming-Noord vor Kurzem mit der Eröffnung des Kultur-Turms **A'DAM.**

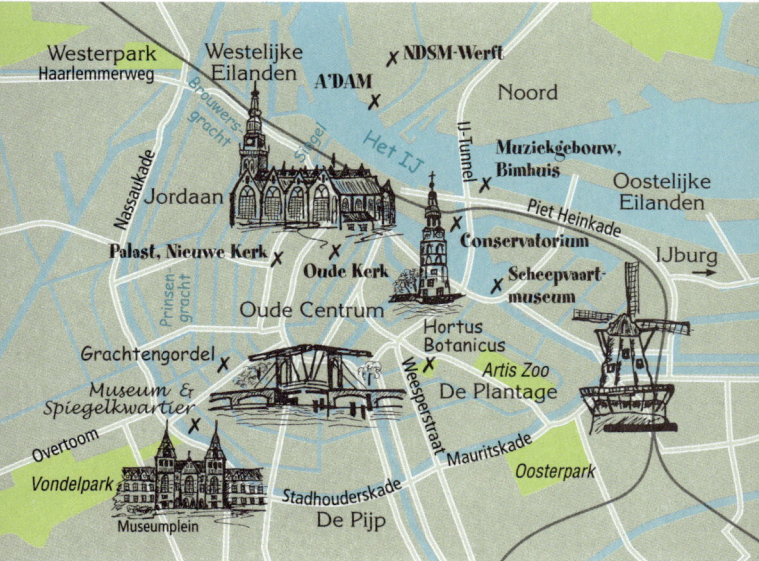

Augenblicke

Bunt wollen wir leben!

180 verschiedene Völker der Erde auf einem Fleck – das ist Amsterdam, die Stadt mit den meisten Nationen der Welt. Am eindrucksvollsten zeigt sich dies dem Besucher bei den zahlreichen multikulturellen Festen. Strahlende Gesichter und strahlende Farben, wie hier beim Kwaku Festival.

Zurück auf der Weltkarte der Architektur

Lange Zeit war es in puncto Architektur eher still um Amsterdam geworden, doch spätestens seit der Bebauung der IJ-Ufer ab den 1990er-Jahren löst ein spektakuläres Bauprojekt das nächste ab. Die städtebaulichen Aktivitäten am IJ prägen ein vollkommen neues Bild der holländischen Metropole. Doch damit nicht genug, auch die neue Museumsarchitektur, allen voran Stedelijk Museum und Filmmuseum EYE (Foto), brachten Ikonen der neueren Architekturgeschichte hervor.

Und es ward Licht über dem Regenbogen

Die Ehe ist für alle da. So sehen es zumindest die Amsterdamer. Als das erste Land der Welt ›öffnen‹ die Niederlande 2001 die Institution der Ehe. Ein Grund zum Feiern – nicht nur auf zahlreichen homosexuellen Hochzeiten, sondern auch bei der Parade der Gay Pride. Die findet jedes Jahr statt, mit vielen bunten Booten auf den Kanälen der Stadt.

Ihr Amsterdam-Kompass

#2

Grachtenglück im Spinnennetz – **auf Bootsrundfahrt**

#3

Ein Viertel sieht rot – **De Walletjes**

SIGHTSHIPPING

Bürger und Huren im nachbarschaftlichen MITEINANDER

#1

Wo alles anfing – **am Dam**

Das pulsierende Herz der Stadt

WOMIT FANGE ICH AN?

1 2 3

AUF ZU ALTEN UFERN!

15 14 13 12

#15

Ein Viertel erfindet sich neu – **Noord**

AUF DER SCHIEFEN EBENE

#14

Künstliche Inseln – **Nieuwe Oostelijke Eilanden**

HÜLYA TRIFFT HEINTJE

KUNST IN DER BADE-WANNE

#13

Multikulti und Markttreiben – **in De Pijp**

#12

Kultureller Herzschlag – **der Museumplein**

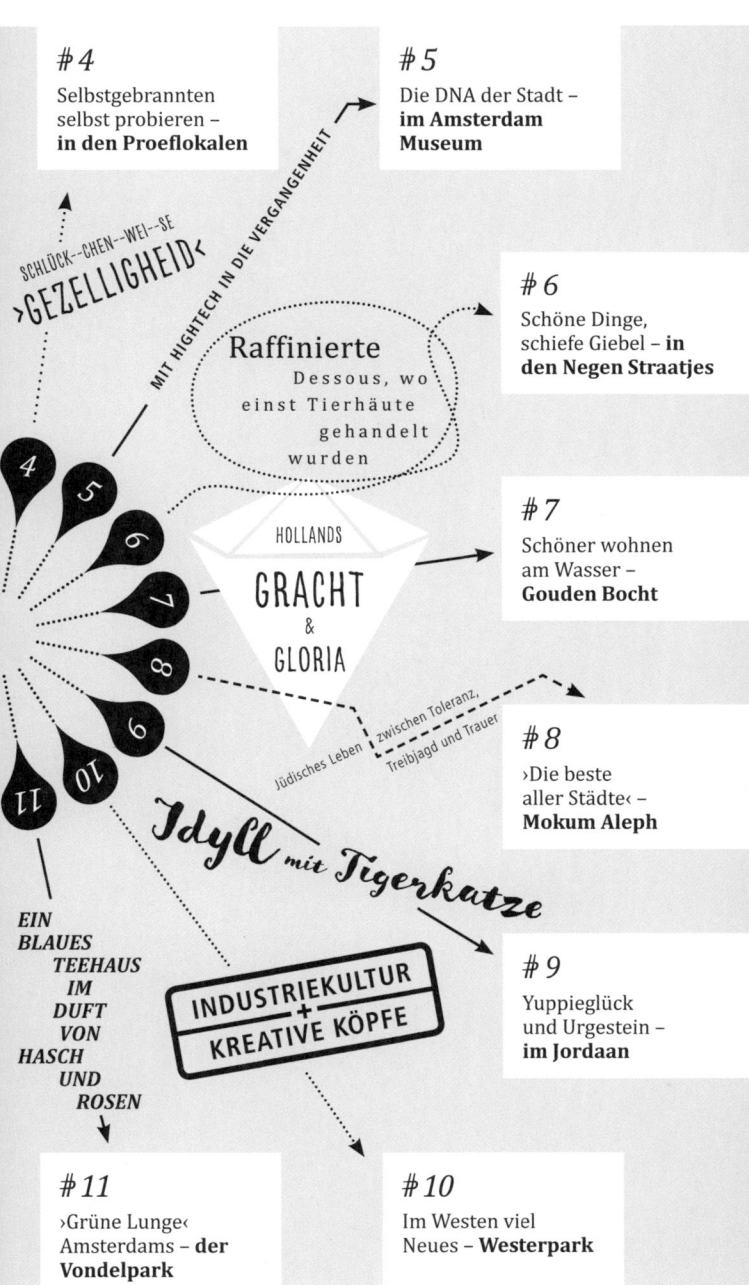

 # 4
Selbstgebrannten
selbst probieren –
in den Proeflokalen

 # 5
Die DNA der Stadt –
**im Amsterdam
Museum**

SCHLÜCK--CHEN--WEI--SE
›GEZELLIGHEID‹

MIT HIGHTECH IN DIE VERGANGENHEIT

Raffinierte
D e s s o u s , wo
einst Tierhäute
g e h a n d e l t
w u r d e n

 # 6
Schöne Dinge,
schiefe Giebel – **in
den Negen Straatjes**

HOLLANDS

GRACHT
&
GLORIA

 # 7
Schöner wohnen
am Wasser –
Gouden Bocht

Jüdisches Leben zwischen Toleranz,
Treibjagd und Trauer

 # 8
›Die beste
aller Städte‹ –
Mokum Aleph

Idyll mit Tigerkatze

EIN
BLAUES
TEEHAUS
IM
DUFT
VON
HASCH
UND
ROSEN

INDUSTRIEKULTUR
+
KREATIVE KÖPFE

 # 9
Yuppieglück
und Urgestein –
im Jordaan

 # 11
›Grüne Lunge‹
Amsterdams – **der
Vondelpark**

 # 10
Im Westen viel
Neues – **Westerpark**

4 5 6 7 8 9 10 11

1

Wo alles anfing – am Dam

Ob Louis Bonaparte, Bruder des ›kleinen Kaisers‹ und König der Niederlande, wohl auch schon auf Dutzende von Tauben blickte? Wie dem auch sei, das Federvieh fühlt sich hier augenscheinlich wohl. So wie die knipsenden Touristen, Straßenkünstler, Eisverkäufer und der Fiaker-Fahrer, der nicht recht ins Bild passen will. Willkommen im Wohnzimmer der Amsterdamer, am Dam!

Den wohl dramatischsten Blick auf den Dam und den Königlichen Palast haben die Schaufensterfiguren im benachbarten H&M.

Und auch wenn der Platz nicht der charmanteste der Stadt ist, gesehen haben sollten Sie ihn unbedingt. Denn hier sind Pracht, Reichtum und Macht der Seefahrer- und Handelsnation vom Mittelalter bis ins 19. Jh. am augenfälligsten. Am Dam, eigentlich die älteste Brückenanlage der Stadt, geben sich heute weltliche, kirchliche und Geschäftswelt mit prachtvollen Bauten ein Stelldichein:

Königspalast, Neue Kirche, Börse … Wenngleich auch sie nur steinerne Klammern für das Alltagsleben Amsterdams sind.

Den Namen verdankt der Dam seiner ursprünglichen Funktion: Zwischen 1204 und 1275 war er als Damm bzw. Schleuse im Amstel-Fluss angelegt worden. Nach und nach wurde er verbreitert, seine Tage als Schleuse waren gezählt. Der so entstandene Platz war Kern einer Siedlung, um den sich die Stadt entwickelte. Bis 1808 stand hier die Waage, denn der Dam war der erste Marktplatz der Stadt. Die ließ Louis Bonaparte allerdings abreißen – nichts sollte seinen Blick aus dem Königspalast stören.

Symbolischer Mittelpunkt der Nation

Im 20. Jh. avancierte der Dam vom Marktflecken zu einem Platz von ›nationaler‹ Bedeutung, der jedem Niederländer ein Begriff ist. Seither finden hier Demonstrationen und (königliche) Veranstaltungen jedweder Art statt. Und auch alle für die Stadt wichtigen Ereignisse – Befreiungstag, Königstag, Eröffnung der Open-Air-Theatersaison – werden am Dam begangen, der Schnittstelle vielfältigster Aktivitäten der Hauptstädter.

Aus Anlass des ›Nationale Dodenherdenking‹ am 4. Mai, an dem der Toten des Zweiten Weltkriegs gedacht wird, legt hier König Willem-Alexander vor dem 1956 errichteten **Nationaal Monument** **1** einen Kranz nieder. Abseits der Feierlichkeiten ist der 22 m hohe Obelisk ganzjährig Treffpunkt der Jugend, die es liebt, hier herumzulümmeln.

Weltliche Macht

›Achtes Weltwunder‹, so nennen die Amsterdamer bescheiden das von 1648 bis 1654 auf 13 659 Tannenpfählen erbaute **Koninklijk Paleis** **2**. Der klassizistische Prachtbau mit den imposanten Maßen (80 x 56 m) diente lange als Rathaus der Stadt, bis König Lodewijk (Louis) Bonaparte ihn 1811 als königliche Residenz vereinnahmte.

Heute imponiert er den Gästen König Willem-Alexanders. Die Inneneinrichtung ist derart kostbar, dass man fast automatisch die Luft anhält. Insbesondere der fast 30 m hohe Bürgersaal, einer der schönsten Festsäle Europas, ist mit seinen marmornen, in den Boden eingelassenen Karten ein kleines Wunderwerk. Die Karten-Kunstwerke zeigen die westliche und die östliche Erdhälfte sowie den

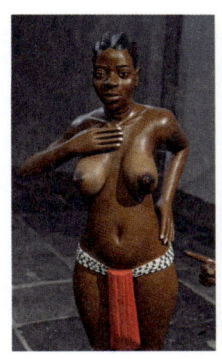

›Puppen‹ ganz anderer Art waren Thema der Ausstellung »Magisches Afrika« in der Nieuwe Kerk, die für ihre hochkarätigen und spannend gemachten Ausstellungen bekannt ist.

▶ LESESTOFF

Kommen Sie noch mit auf einen Abstecher in die Katakomben des Palastes? In einem der Verliese saß das zum Tod durch den Strang verurteilte Mädchen Elsje, das Rembrandt zu seinen ungewöhnlich detailreichen Zeichnungen **Frau, am Galgen hängend** inspirierte. Schaurig-schön nachzulesen in Margriet de Moors Roman **Der Maler und das Mädchen** (2010). Der Galgen stand damals übrigens im Innenhof des Gebäudes – ein blutiges Pflaster …

Bulle und Banker vor der Beurs van Berlage

nördlichen Sternenhimmel – so zauberhaft, dass man den Blick kaum abwenden mag.

Kirchliche Prachtentfaltung

Der imposanten spätgotischen **Nieuwe Kerk** `3` aus dem 15. Jh. – heute offizielle Krönungskirche der holländischen Monarchen – fehlt der Kirchturm. Schuld daran soll das Rathaus, der jetzige Königspalast, gewesen sein: Die Ratsherren wollten angeblich nicht, dass die Kirchturmspitze ihr Domizil überragte. Der prächtige barocke Innenraum der Kreuzbasilika ist sehenswert, vor allem die Eichenholzkanzel mit ihren Schnitzereien, die berühmte Orgel, die Glasfenster.

Gottesdienste finden hier keine mehr statt, die Kirche ist vielmehr berühmt für ihre Orgelkonzerte und Ausstellungen. Mit fast einer viertel Million Besuchern pro Jahr ist sie eine der meistbesuchten Ausstellungshallen der Niederlande. Ein glanzvolles Ereignis stand der Nieuwe Kerk 2013 ins Haus: Hier fand die Inthronisation von König Willem-Alexander statt, an derselben Stelle, wo er 2002 seine Frau, die jetzige Königin Máxima, heiratete.

Von Marktwerten und Musik

An der von 1898 bis 1903 in Sichtweite vom Dam erbauten **Beurs van Berlage** `4` scheiden sich die Geister: Entweder finden die Amsterdamer sie hässlich oder brillant. Der Architekt, H. P. Berlage, brach mit dem im 19. Jh. vorherrschenden Historismus und schuf ein revolutionäres Bauwerk mit klaren Linien und strengen Proportionen aus schlichten Baumaterialien. Der Startschuss für die moderne Architektur in den Niederlanden war gefallen. Auch die Innenraumgestaltung, etwa die Stahl-Glas-Konstruktion des Dachs, ist bemerkenswert. Vom Turm der Kaufmannsbörse, der in

ÜBRIGENS

Was Berlage wohl dazu gesagt hätte? Denn der ›Vater der modernen holländischen Architektur‹ spielt eine wichtige Rolle in einem der Live Escape Games von **Sherlocked.** Im historischen Tresorraum der Börse darf, wer die Rätsel um den Architekten in 60 Minuten löst, den Raum verlassen. Im zweiten Spiel wird der Spieß umgedreht, nicht aus-, sondern einbrechen in den sichersten Raum der Stadt, den Tresor, muss, wer das begehrte Objekt stehlen will. 90 Minuten bleiben, nur jedes dritte Team schafft es. Beide Spiele haben innerhalb kürzester Zeit den Olymp der Live Escape Games erreicht (sherlocked.nl).

Anlehnung eines Palazzo in Siena entstand, blickt man über ganz Amsterdam. Berlages Börse wird heute für hochkarätige Konzerte und Ausstellungen genutzt. Eine Augenweide ist der Berlage Zaal, dessen Dekor – vom Boden bis zu den Fenstern – der Stadt Amsterdam gewidmet ist.

INFOS/ÖFFNUNGSZEITEN

Koninklijk Paleis : www.paleisamsterdam.nl, rund um königliche Empfänge ist der Palast geschl. (s. Homepage), sonst tgl. 10–17 Uhr, temporäre Ausstellungen, 10 € (inkl. Audioguide)

Nieuwe Kerk **3**: www.nieuwekerk.nl, tgl. 10–17 Uhr, Ticketpreise abhängig von der jeweiligen Ausstellung; Orgelkonzerte und Tickets s. Website

Beurs van Berlage **4**: Damrak 243, www.beursvanberlage.nl, T 020 531 33 50, Ausstellungen, Sitz der New York Film Academy mit gleichnamigem Café (www.nyfacafe.com, Mo–Do 10–21, Fr, Sa 10–23 Uhr), außerdem des modernen Bistro Berlage in der ehemaligen Börsenvorhalle mit Terrasse auf dem Beursplein (www.bistroberlage.com, tgl. 10–22 Uhr)

KULINARISCHES ZWISCHENDURCH

Bei schönem Wetter ist die Terrasse vom **Nieuwe Kafé** **1** (Eggertstraat 8/Dam, www.nieuwe-kafe.nl, tgl. 8–18.30 Uhr) der richtige Platz, um bei einem Kaffee das Treiben auf dem Dam zu beobachten. Um die Ecke der Nieuwe Kerk findet der Hungrige die charmante Brasserie **De Drie Graefjes** **2** (Eggertstraat 1, www.dedriegraefjes.nl, tgl. 9–18 Uhr, Toasts/Sandwiches 8 €, Club Sandwiches 9 €, Salate 12,50 €, Burger 9,50 €, Scones, Muffins, Kuchen etc. ab 2 €) mit umfangreicher Karte für Frühstück und Lunch. Unbedingt probieren sollte man die Backspezialitäten der angeschlossenen American Bakery: Carrot Cake und Red Velvet Cake sind ein Traum. Viele Bioprodukte und Säfte. Filiale mit Bäckerei am Rokin 128/130.

GANZ NAH DRAN …

Schön für Kids ist der Ableger von **Madame Tussaud's Wachsfigurenkabinett** **5** (www.madametussauds.nl, tgl. 10–19/20 Uhr, 24,50 €, Kinder 20,50 €, Online-Angebote deutlich günstiger) am Dam. Wer immer schon mal mit Ronaldinho Fußballspielen, sich an Ryan Gosling schmiegen oder mit DJ Tiësto abtanzen wollte, ist hier richtig.

›LEKKER‹ SHOPPEN

De **Bijenkorf** **1** ist seit seiner Eröffnung 1870 von einem kleinen Laden zu einem Luxuskaufhaus angewachsen. Auf 20 000 m² und fünf Etagen wird am Dam geshoppt (tgl. 10/11–21 Uhr). Ganz oben liegt das Design-Selbstbedienungs-Restaurant **The Kitchen** mit japanischer, italienischer & amerikanischer Küche und schönem Blick auf die Börse (5–15 €). Süß wird's in **Tony's Super Store** **4** in der Beurs – 2017 ging der Schokoladenhersteller (s. S. 100) ›an die Börse‹, wo schon um 1900 Kakao gehandelt wurde (Oudebrugsteeg 15, tgl. 10–21 Uhr).

Grachtenglück im Spinnennetz – **auf Bootsrundfahrt**

Mögen Sie Zeitreisen? Dann: Welkom im Amsterdam des 17. Jh.! Zwar geht es nicht per Warp-Antrieb zurück in die Vergangenheit, sondern gemütlich mit dem Bötchen – aber das passt auch besser zur Stadt. Lassen Sie die Schönheit der jahrhundertealten Grachtenhäuser in Ruhe an sich vorbeiziehen, die Hektik der heutigen Metropole bleibt außen vor.

1800 Glühbirnen beleuchten heute die Magere Brug. Die Schwestern Mager hätten sich über einen so schön illuminierten Heimweg sicherlich gefreut.

Amsterdam vom Wasser aus zu betrachten ist eine der spannendsten Arten, die Stadt zu entdecken, die mehr Kanäle als Venedig und mehr Brücken als Paris hat. Gerade, wenn Sie zum ersten Mal hier sind – lassen Sie sich diesen speziellen Blickwinkel nicht entgehen.

Zuerst trifft man einen guten Bekannten der Amsterdamer, den hl. Nikolaus. Dem Schutzpatron der Seefahrer ist die imposante **Sint Nicolaasbasiliek** 1 gewidmet. Er hat auch ein wachsames Auge auf die Passagiere der Rundfahrtboote. Der **Schreierstoren** 2 aus dem 17. Jh. erhielt seinen Namen, weil die Seeleute hier Abschied von ihren weinenden (nl. *schreienden*) Angehörigen nahmen – für Monate oder für Jahre, manchmal für immer.

Am IJ-Ufer beeindrucken zu beiden Seiten futuristische Neubauprojekte (▸ S. 71). ›Gekke Jaap‹, verrückter Jaap, wird der alte Verteidigungsturm am Oude Waal, der **Montelbaanstoren** 3, auch genannt, weil seine Uhr nie richtig gehen wollte. Die Oude Schans, eine frühere Verteidigungsschanze, säumen schöne Lagerhäuser des 17. Jh.

Schöner wohnen auf dem Wasser

Über den Zwanenburgwal ist bald die Amstel erreicht. Den breiten Flusslauf queren **Blauwbrug** 4 in französischem Stil und **Magere Brug** 5. Die

ÜBRIGENS

Hollandklischee bedient: Die **Magere Brug** entspricht unserem Idealbild einer Holländerbrücke zu hundert Prozent. Warum sie heißt, wie sie heißt (*mager* = schmal)? Hier die hübsche Geschichte: Angeblich ist sie 1670 von zwei Schwestern, den Damen Mager, in Auftrag gegeben worden, damit sich diese einfacher besuchen konnten – sie wohnten auf gegenüberliegenden Amstel-Ufern.

INFOS/ÖFFNUNGSZEITEN

Grachtenrundfahrten: Ab **Stationsplein** 1 und **Damrak** 2 verkehren Rundfahrtboote diverser Reedereien. Im Angebot: normale Fahrten (ca. 15 €), Abend- und Dinnerfahrten, Touren bei Kerzenschein, zu Jazzmusik, zum Amsterdam Light Festival im Winter … Wer seine eigene Tour machen will, ist gut mit den Hop-on-Hop-off-Schiffen, Tretbooten *(waterfietsen)*, Kanus und und und bedient (www.grachtenfahrtamsterdam.de).

ÖKO, BITTE!

Ein bisschen tiefer in die Tasche muss greifen, wer es umweltfreundlicher mag: Die Fahrt mit einem Elektroboot der **Open Boats Tour** kostet rund 20 €, dafür gibt's die Erklärungen vom Kapitän live und nicht aus der Konserve (Abfahrt: Damrak, Stationsplein, Leidseplein, Hauptbahnhof; www.stromma.nl, online häufig günstiger).

FUN, FUN, FUN AUF DER GRACHT

In letzter Zeit sieht man sie immer häufiger: die **Stand-up-Paddler** – ausgerüstet mit Board, Paddel und ›Longjohn‹ (www.mm-sup.com/supamsterdam).

Cityplan: F–H 3–6 | **Tram** 2, 4, 11, 12, 13, 14, 17, 24, 26: Centraal Station, **Metro** 51, 52, 53, 54: Centraal Station

25

berühmte weiße hölzerne Zugbrücke ist eines der Wahrzeichen Amsterdams.

In der Prinsengracht springen die zahlreichen Hausboote ins Auge – von grob vernachlässigt bis äußerst luxuriös. Die große Wohnungsnot in den 60er-Jahren des vorigen Jahrhunderts machte das Wohnen auf dem Wasser sehr populär. An der Ecke zur Reguliersgracht bietet sich ein traumhafter Blick auf mehrere Bogenbrücken. Auf dieser Gracht müssen die Kapitäne exzellent manövrieren können, denn sie ist sehr schmal und nur 3 m tief.

Gerstensaft aus Grachtenwasser?

In der eleganten Herengracht warten an der **Gouden Bocht** `6` (▶ S. 42) die größten, prachtvollsten und teuersten Grachtenhäuser der Stadt auf Bewunderer. Hier legten die reichsten Kaufleute und Reeder ihr Geld in großzügige Grundstücke und repräsentative Stadtsitze an. Die hübschen Giebel sind vom Wasser aus gut zu sehen. Sie sind alle etwas nach vorn geneigt, um den gefahrlosen Transport von Gütern über den *hijsbalken* am Giebel zu ermöglichen.

Den zahlreichen Bierbrauereien, die es hier einst gegeben hat, verdankt die traumhaft schöne Brouwersgracht ihren Namen. Eine wichtige Rolle beim täglichen Wasseraustausch in den Grachten spielt die **Haarlemmersluis** `7` bis heute: 240 000 m³ l Wasser aus der Amstel werden nachts durch die Grachten gepumpt und fließen schließlich in das IJ. Früher übrigens war das Grachtenwasser so sauber, dass daraus Bier gebraut wurde. Heute, so erzählt man in Amsterdam augenzwinkernd, werde es nur noch für Exportbier genutzt …

Symbol für Glanz und Gloria der Grachtenstadt

Zurück auf dem stark befahrenen IJ, zeichnen sich im Westen die großen Hafenanlagen Amsterdams ab, während im Osten, neben dem hochmodernen **Muziekgebouw** `8` (▶ S. 73), das **Passenger Terminal Amsterdam** `9` liegt. Die Stadt ist einer der wichtigsten Anlegehäfen für Kreuzfahrtschiffe in Europa. Ein Schiff ganz anderer Größenordnung ist am Schifffahrtsmuseum (▶ S. 79) vertäut: der Nachbau eines **VOC-Schiffes** `10` aus dem 17. Jh., Symbol für Reichtum und internationales Ansehen, die die Schifffahrt der Stadt bescherte.

ÜBRIGENS

»Erster Plastikfischer der Welt« – das ist Marius Smit. Einst arbeitete er im Marketing, heute macht er mit seiner Firma **Plastic Whale** in Müll. Mit einer immer größer werdenden Flotte reinigen Smit und seine Crews die Grachten von Plastikabfall. Seine Boote ziert der Spruch »This boat is made of Amsterdam Canal Plastic« – Smit sammelt den Plastikmüll und macht Boote daraus, mit denen er Plastikmüll aus den Grachten fischt, um mit diesem … Undsoweiterundsofort. Wer mag, kann mit an Bord gehen: »Come Fishing«, fordert Marius Besucher der Stadt auf. Für 25 € ist man dabei – und kann sich vom neuesten Projekt erzählen lassen: Möbeln aus PET-Flaschen (plasticwhale.com).

Ein Viertel sieht rot –
De Walletjes

 # 3

Der älteste Teil der Stadt und das älteste Gewerbe der Welt – in Amsterdam sind sie auf den Walletjes untrennbar miteinander verbunden. Heute finden sich hier alle Bevölkerungsgruppen: alteingesessene Amsterdamer, Yuppies, Prostituierte, Chinesen, Kriminelle, Künstler und tagsüber Tausende von Touristen.

Jahrzehntelang betrachtete man das Viertel durch die rosarote Brille, augenzwinkernd sprach man von den ›Schaufenstern‹ und den mehr oder weniger hübschen ›Bewohnerinnen‹. Dass sich hinter den Kulissen auch internationaler Menschenhandel, Kriminalität, Menschenverachtung und Ausbeutung abspielten, hielt man lieber unter Verschluss. Erst als die Touristen wegblieben, sah sich die Stadt gezwungen, zu handeln und erließ

Red Light Radio – die Online-Radiostation sendet seit 2010 Musik aus dem Rotlichtviertel, und zwar aus ehemaligen Hurenfenstern. Sie entstand als Teil des umstrittenen Programms ›1012‹, getreu dem Motto: »Unser Rotlichtviertel soll schöner werden«.

strikte Maßnahmen, schränkte die Prostitution ein und rief diverse Kulturprojekte ins Leben. Das engagierte Projekt stieß bei den Anwohnern auf wenig Gegenliebe, sie wollten kein weiteres hippes Viertel sein, in dem sie sich die Mieten dann nicht mehr würden leisten können.

Die Letzte macht das Licht aus

Auch die Prostituierten gingen auf die Barrikaden: »Viele von uns haben diesen Beruf aus freien Stücken gewählt«, empört sich Mariska Majoor über die Behandlung durch die Gemeinde Amsterdam. Das Einzige, was diese Entwicklung befördere, so die Sex-Gewerkschafterin und Ex-Sexworkerin, seien illegale und Straßenprostitution. »Da, wo die Touristen sie nicht sehen …« Vielen ihrer Kolleginnen, so weiß Majoor, geht es heute schlechter als zuvor.

Im Zeichen des Drachen

Der Rundgang durch das Viertel abseits der Normalität beginnt am Zeedijk. Direkt am Anfang liegt das alte und ausgesprochen gemütliche Seemannshaus **In't Aepjen** ✵, schräg gegenüber die liebevoll restaurierte **Sint Olofskapel** **1**. In seinem weiteren Verlauf ist der Zeedijk fast vollständig in chinesischer Hand. Die Chinesen kamen Anfang des 20. Jh. als Seeleute nach Amsterdam und blieben hier hängen. In den 1920er-Jahren zählte ihre Gemeinde schon 10 000 Mitglieder.

Und so sieht ihr Chinatown heute aus: winzig kleine Restaurants, goldbraune Pekingenten in den Schaufenstern, Supermärkte voll mit fernöstlichen Produkten, ein süßlicher Duft in der Luft. Samstagnachmittags rollt hier in Nobelkarossen der Jetset chinesischer Abstammung an, um einzukaufen oder auszugehen. Auf der rechten Seite des Zeedijk thront der exotisch anmutende **Buddhistische Tempel He Hua** **2**, ein Blickfang ganz anderer Art.

Schräg gegenüber liegt ein Klassiker der chinesischen Küche, das **Nam Kee** **1** – geadelt durch den holländischen Liebesfilm »Oesters van Nam Kee«, die »Austern von Nam Kee«. Mit seinen gekachelten Wänden erinnert das Restaurant ein wenig an ein Badezimmer, was seiner Beliebtheit nicht schadet – hier ist die Hölle los. Das Anstehen wird nicht langweilig, das garantiert allein schon der Blickkontakt mit den Pekingenten!

Ü
ÜBRIGENS

Ein treuherzig blickender Golden Retriever hatte es Mariska Majoor angetan. Diesen Hund wollte sie haben, und zwar sofort. Aber die gerade erst 16-Jährige hatte die 400 Gulden nicht. Also prostituierte sie sich und kaufte den Hund. Fast 15 Jahre begleitete Chami Mariska, bevor er in den Hundehimmel einzog. Was sich fast wie ein Märchen anhört, ist aber keines. Tatsächlich war der Hundekauf Mariskas Einstieg ins Sexgewerbe. Zehn Jahre später, 1994, gründete die Ex-Sexworkerin mitten im Rotlichtviertel das **PIC** **7**, das Prostitution Information Centre. Es informiert über Geschichte und Formen der Prostitution und führt Interessierte durch den Redlight District (www. pic-amsterdam.com).

Auf gute Nachbarschaft

Sieben Türme streckt die **Waag** 3 am Nieuwmarkt gen Himmel. Das trutzige ehemalige Stadttor ist eines der ältesten Gebäude Amsterdams (1488), und seine Innenräume sind seit dem 17. Jh. nahezu unverändert. In romantischer Atmosphäre lässt es sich unten speisen – reichlich Zeit mitbringen! Und wer mag, kann im Sommer den Caféservice auch draußen auf dem großzügigen Platz nutzen – was Anwohner und Gäste ausgiebig tun.

Auf dem Nieuwmarkt hält man sich rechts und gelangt, vorbei an Restaurants und Lädchen, nach 100 m rechts in den **Barndesteeg** 4. Hinter der lang gezogenen Giebelwand linker Hand führten die Nonnen des einstigen Bethanienklosters ihr kontemplatives Leben, während ihre Nachbarinnen auf der anderen Seite, keine 2 m entfernt, weitaus weltlicheren Tätigkeiten nachgingen und -gehen. Schätzungsweise 5600 Prostituierte arbeiten in Amsterdam – das ist bei knapp 850 000 Einwohnern einsame Spitze in Europa

Am Oudezijds Achterburgwal geht's links über die idyllische **Stoofbrug** 5, die in den Stoofsteeg mündet, wo man gleich die warme, ja geradezu schwüle Stimmung spürt. Übrigens bleibt das gesamte Rotlichtviertel zur Winterzeit nahezu schneefrei – wegen der vielen gut beheizten Zimmerchen und der sich drängenden Laufkundschaft liegt die Durchschnittstemperatur hier immer um einige Grade höher als andernorts in der Stadt.

Der Herr und die Huren

Rechts am Oudezijds Voorburgwal, der an dieser Stelle ruhige Wohngegend ist, sieht man die schönen historischen Grachtenhäuser (z. B. Nr. 115). Links erhebt sich die **Oude Kerk** 6; Baukunst aus mehr als drei Jahrhunderten ist hier vereinigt. Sie ist die älteste Kirche Amsterdams – Baubeginn war um das Jahr 1300. Wie ein überdimensioniertes Bollwerk liegt sie im Gewirr der kleinen Gassen des Rotlichtviertels. Bereits im 16. Jh. erhielt die ursprüngliche kleine romanische Kreuzkirche ihre heutige beeindruckende Größe. Das dreischiffige Gotteshaus ist im Inneren relativ schlicht gehalten. Ihren Namen bekam die Oude Kerk erst, als die Nieuwe Kerk gebaut wurde, um deutlich zu machen, dass sie als die ältere auch die bedeutendere ist. Dieser lange schwelende Streit wurde erst im

Ü ÜBRIGENS

Es ist still, hörbar still in der Oude Kerk. Menschen sitzen reglos auf ihren Stühlen, warten. Reste von Croissants und leere Kaffeetassen vor sich. Niemand isst. Alle blicken in Richtung des Grabes von Saskia van Uylenburgh, Frau und Muse Rembrandts (1612–42). Punkt 8.38 Uhr fällt ein Sonnenstrahl auf ihr Grab, Jahr für Jahr, immer am 9. März. Zuvor findet ihr zu Ehren das Saskia-Frühstück statt. Saskia und Rembrandt war es übrigens nicht vergönnt, nebeneinander begraben zu werden: Der Maler, der zum Zeitpunkt seines Todes völlig abgebrannt war, liegt in einem Armengrab in der Westerkerk, (fast) alleine.

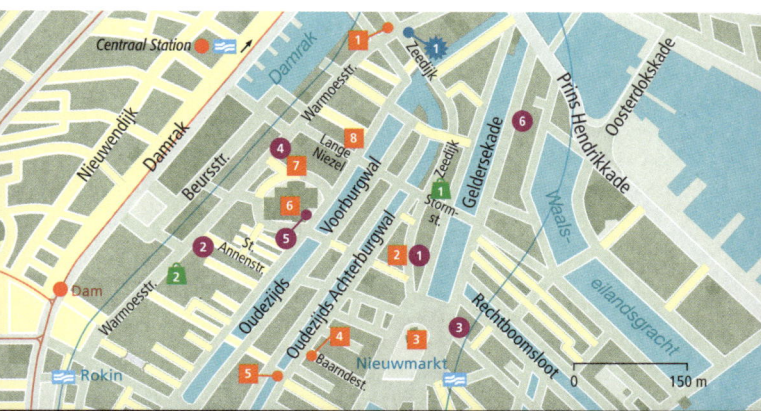

Cityplan: Karte 2, B/C 1–3 | **Tram** 2, 4, 11, 12, 13, 14, 17, 24, 26: Centraal Station, **Metro** 51, 52, 53, 54: Centraal Station

INFOS/ÖFFNUNGSZEITEN

Tempel He Hua 2: Zeedijk 106–118, Di–Sa 12–17, So 10–17 Uhr, Eintritt frei
Oude Kerk 6: Oudekerksplein 23, www.oudekerk.nl, Mo–Sa 10–18, So 13–17.30 Uhr, 10 €; Turm April–Okt. Mo–Sa 13–19 Uhr, 8 €
Museum Ons' Lieve Heer op Solder 8: Oudezijds Voorburgwal 38 (Eingang), www.opsolder.nl/de, Mo–Sa 10–18, So, Fei 13–18 Uhr, 11 €

FÜR LEIB UND SEELE

Bruin Café In't Aepjen 1: Zeedijk 1, So–Do 15–1, Fr, Sa 15–3 Uhr
Nam Kee 1: Zeedijk 111–113, tgl. 11.30– 22.30 Uhr, Hauptgerichte 7–22 € In der Schokoladen-Walhalla, zudem Eissalon, Espressobar und Dessertparadies, **Metropolitan** 2 produziert und verkauft Chocolatier Kees Raat seine herrlichen Schokoladen und täglich frisches italienisches Eis – zum Dahinschmelzen (Warmoesstraat 135, tgl. 9–22 Uhr). Auf dem Nieuwmarkt locken zahlreiche Terrassen zu Einkehr und zum ›Leute-Schauen‹. So **In De Waag** 3 (tgl. ab 9 Uhr, Hauptgerichte ab 22 €, mittags günstiger) und das nette **Café Stevens** 3, eine Institution (Geldersekade 123, So–Do 10–1, Fr, Sa 10–3 Uhr, Bistrogerichte ab

13 €). Sehr leckere belegte Brote, Scones, Quiches, Sandwiches, Suppen, Tartes und Torten bietet in der Warmoesstraat der stylishe **De Bakkerswinkel** 4 an (Nr. 69, Mo–Fr 8–17.30, Sa, So 9–18 Uhr, Frühstück ab 9,50 €, 3–21 €).
De Koffieschenkerij 5: Oudekerksplein 27, Mo–Sa 9–18, So 9–17 Uhr, organische und lokale Speisen ab 3 €

NACH DEN STERNEN GREIFEN …

… kann, wer möchte, im **Lastage** 6 (Geldersekade 29, Di–So ab 18.30 Uhr, 3- bis 6-Gänge-Menü 47–73 €, kreative französisch-niederländische Küche, ausgesprochen freundlicher Service).

EIN UNGEWÖHNLICHES ANGEBOT

Liebhaber Asiens müssen bei **Toko Dun Yong** 1 (Stormsteeg 9, Mo–Fr 9–19, Sa 9–18, So 12–18 Uhr) vorbeischauen, wo sie ein riesiges Angebot an asiatischen Lebensmitteln, Haushaltsgeräten, Küchenutensilien, Mode, Einrichtungsgegenständen und viel Buntes mehr erwartet. Und in der **Condomerie Het Gulden Vlies** 2 (Warmoesstraat 141, Mo, Mi–Sa 11–21, Di 11–18, So 13–18 Uhr), der Mutter aller Kondomerien, wartet das weltweit größte Angebot an Kondomen.

19. Jh. entschieden, als das Gotteshaus am Dam den Rang der offiziellen Krönungskirche erhielt und die Oude Kerk auf ihren Platz verwies. Diese ist vor allem wegen ihrer teilweise hochkarätigen Ausstellungen und Orgelkonzerte beliebt.

Die nächste Umgebung der Oude Kerk, eine der Top-Sehenswürdigkeiten der Stadt, sollte weitgehend ›prostituiertenfrei‹ werden. Die Gassen rund um die Kirche sind einer der Hotspots des Rotlichtviertels. Im Rahmen des Projektes ›1012‹ – nach der PLZ des Viertels – sollten sich hier gehobene Restaurants, Hotels etc. ansiedeln, was z. T. gelungen ist (Restaurant ANNA, Red Light Radio …). Bis 2014 wollte man die Zahl der Hurenfenster von 482 auf 290 und die der Coffeeshops von 76 auf 50 reduzieren, das ist bis jetzt nicht gelungen. Im Gegenteil, das Projekt wurde 2018 für größtenteils gescheitert erklärt. Die gewünschte ökonomische Aufwertung des Viertels hat nicht stattgefunden, die kriminelle Infrastruktur besteht nach wie vor, den Sexworkerinnen geht's nicht besser, die Anwohner sind ob der vielen (Sex-)Touristen mehr als genervt. Und jetzt?

Ob er sich die Tüte selbst gebaut hat? Zumindest ist der Mini-Alien ein beliebtes Fotomotiv auf den Walletjes. Tatsächlich ist der Konsum weicher Drogen auf der Straße straffrei, und auch der Besitz weicher Drogen stellt lediglich eine Ordnungswidrigkeit dar. Alles andere wird allerdings mit einer Gefängnisstrafe geahndet.

Kaffee im Schatten der Kirche

Innerhalb kürzester Zeit hat sich ein Laden im Viertel aber in die Herzen aller geschlichen. Wer es nicht weiß, läuft daran vorbei: Im Schatten der Oude Kerk verbirgt sich der kleine begrünte Gastgarten der **Koffieschenkerij** 5, der Gastraum findet sich in der ehemaligen Sakristei der Kirche. Dieses Café ist ein Juwel, nicht nur, weil der Kaffee hier sooo lecker schmeckt, ebenso wie der Kuchen, die Suppe und die belegten Brötchen, sondern weil es so intim und freundlich ist. Der Dank gebührt Job und Anne, die das Café mit viel Herz führen.

→ UM DIE ECKE

… von der Oude Kerk liegt versteckt hinter Grachtenhausfassaden ein lange Zeit gut gehütetes Geheimnis, das bezaubernde **Museum Ons' Lieve Heer op Solder** 8, eine der Geheimkirchen der Stadt. In der nun wieder in ihren Urzustand zurückgeführten Speicherkirche wandelt man auf den Spuren katholischer Religionsanhänger, die im protestantischen Amsterdam des 17. bis 19. Jh. ihren Glauben nur im Geheimen ausüben durften. Hübsch ist auch der Name: Unser Lieber Herrgott auf dem Dachboden …

▶ INFOS & LESEFUTTER

Noch mehr Infos gibt es auf: www.amsterdamoldtown.com – und dazu den Hinweis, wo im Viertel man den Gratis-Stadtplan bekommt. Gut recherchiert ist John Irvings Roman **Witwe für ein Jahr** (2000), der teilweise im Amsterdamer Rotlichtviertel spielt. Mehrere Wochen weilte der US-amerikanische Bestseller-Autor in der Stadt, während er an der Saga rund um eine US-amerikanische Schriftstellerfamilie schrieb.

4

Selbstgebrannten selbst probieren – **in den Proeflokalen**

After-Work-Beisammensein auf ›Amsterdams‹ läuft heute noch wie vor 500 Jahren. Bereits im 16. Jh. gab es sie, die Likörbrennereien, in denen die Kunden die Selbstgebrannten vor Ort verkosten konnten. Diese Tradition ist noch heute lebendig, die ›Proeflokalen‹ sind gut besucht, man trifft sich hier in geselliger Runde auf den frühabendlichen Drink nach der Arbeit.

Ein bisschen Kneipenvokabular kann hier nicht schaden: Ein Borrel ist ein Glas Jenever, weitere Kosenamen für des Amsterdamers liebstes Getränk sind Hassebassie, Pikketanesie oder Slokkie. Ein Amsterdammertje ist der Rest aus der Flasche, der kein ganzes Glas mehr füllt – er wird nicht berechnet. Proost!

Waren die *probeersels,* also die Probierschlucke, früher gratis, selbst wenn viele davon über die Theke gingen, berechnet der Wirt heute selbstverständlich eine Vergütung für das Verkosten seiner Spezialitäten aus dem Fass. Eine schöne Tradition hat man in den *proeflokalen* gleichwohl beibehalten: Das Glas wird auf der Theke randvoll geschenkt, sodass sich die Gäste respektvoll herabbeugen und die Lippen zum Glasrand und nicht das Glas zum Mund bringen müssen.

›Gezellig‹ muss es sein

Probierstuben und auch die Amsterdamer Bruine Cafés – *bruin,* also braun, übrigens, weil sich die Decken und Wände im Laufe der Jahrhunderte durch den Zigarettenqualm verfärbt hatten – sind in der Stadt in großer Zahl vertreten. Es sind vor allem die kleinen Lokale, in denen der Gast auf die viel gerühmte *gezelligheid* trifft. Hier sitzen die Amsterdamer nach der Arbeit zusammen und genießen ihr Bier, ihren Schnaps. Hier spielen sie mit Freunden Karten oder Dart und geben allzu gerne und weitschweifend Lebensweisheiten zum Besten, und das relativ ungeschminkt. In ihrem Stammlokal sind sie stets für ein Schwätzchen zu haben, und auch als Fremder kommt man meist recht schnell mit ihnen ins Gespräch – selbst wenn man kein Wort Nieder-

▶ **LESESTOFF**

Sehr launig beschreibt Niederlande-Kenner Siggi Weidemann die ebenso skurrilen wie charmanten Probierstuben der Stadt. Nachzulesen in seiner **Gebrauchsanweisung für Amsterdam** (2015), die sich liebevoll mit der holländischen Hauptstadt und ihren eigensinnigen Bewohnern auseinandersetzt.

INFOS/ÖFFNUNGSZEITEN

Wynand Fockink ➊: www.wynand-fockink.nl, tgl. 14–21 Uhr, 45-minütige Probe (2 Liköre, 2 Jenever, 1 Branntwein,1 Bitter) mit Führung durch die Brennerei 17,50 €, vorab reservieren
De Ooievaar ➋: www.proeflokaal deooievaar.nl, tgl. ab 12 Uhr

─────────────────────

LUST AUF MEHR?

De Vreng en Zonen ➌ (Nieuwendijk 75, www.oudamsterdam.nl, Mo–Sa 10–18, So 12–18 Uhr) hat eine schier unglaubliche Auswahl an Likören, Jenever und anderen Getränken sowie an dazu passenden Geschenkartikeln im Angebot. Nicht weit von hier liegt eines der ältesten Braunen Cafés von Amsterdam, das **Café Karpershoek** ➍ (Martelaarsgracht 2, www.cafe karpershoek.nl, So–Mo 9–1, Fr–Sa 9–2 Uhr), in dem seit 1606 Seeleute verkehrten. Die Matrosen und Co. und auch der Hafen an dieser Stelle sind längst

verschwunden, doch der Silbersand auf dem Boden, in den sie ihre Priemen spuckten, wird noch stets erneuert. Der Wirt bietet auch ein paar Kleinigkeiten zu essen an, drinnen oder draußen auf der schmalen Terrasse.

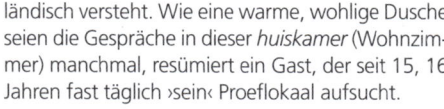

›Zeer oude Jenever‹ von der Firma De Ooievaar – sehr alt meint hier circa 20 Jahre. Die Geschichte der Destillerie reicht allerdings bis ins Jahr 1782 zurück.

ländisch versteht. Wie eine warme, wohlige Dusche seien die Gespräche in dieser *huiskamer* (Wohnzimmer) manchmal, resümiert ein Gast, der seit 15, 16 Jahren fast täglich ›sein‹ Proeflokaal aufsucht.

Auf die Tränen der Braut!

Das renommierte Proeflokaal **Wynand Fockink** 🔵 liegt gleich um die Ecke vom Dam im Pijlsteeg 43. Um 1679 begründete Fockink seine Likörbrennerei, zu der später eine Probierstube hinzukam, in der die edlen Brände probiert und gekauft werden konnten – was bis heute noch so ist. Das Lokal ist auf Jenever (Wacholderschnaps) und Liköre mit klingenden Namen wie ›Volmaakt Geluk‹ (Vollkommenes Glück) oder ›Bruidstranen‹ (Tränen der Braut) spezialisiert. In der Destillerie kann man beim Brennen zuschauen, in der Spirituosenhandlung die Schnäpse kaufen. Es werden auch sehr gute Biere gezapft. Eine Oase der Ruhe im Trubel des Zentrums ist der Sommergarten hinter dem Wynand Fockink.

In dem sympathischen Proeflokaal, das eine Sammlung alter Flaschen ausstellt, wird noch stets die Tradition des Verbeugens vor dem ersten Schluck gepflegt. Wer's besonders authentisch mag, probiere einen *kopstoot*. Dieser ›Kopfstoß‹ ist (erst einmal) ganz harmlos – was sich nach dem Verzehr mehrerer Gedecke, bestehend aus je einem Pils und einem jungem Jenever *(borrel),* aber schnell ändern kann.

Absage an bittere Erinnerungen

An der Ecke Zeedijk und St. Olofspoort liegt die kleine Probierstube der Destillerie van Wees: **De Ooievaar** 🟠 (Sint Olofspoort 1). Seit Jahrhunderten bereits braut man hier nach Geheimrezepten bekannte Liköre und Jenever. So ist beispielsweise der Bitterkoekjeslikeur aus feinen Mandeln sehr beliebt: Angeblich spült er bittere Erinnerungen weg.

Das Amsterdam Elixier, ein sehr alter Likör, war ursprünglich als Verdauungshilfe nach einem schweren Essen gedacht. Die Kräuter in diesem ›Lebenselixier‹ – u. a. Zitronenmelisse, Koriander, Kardamom und Engelwurz – verschaffen eine schnelle Linderung bei Völlegefühlen. Perfekt zu genießen nach dem Essen bei einem Kaffee oder einer heißen Schokolade oder auch am Nachmittag bei einem Tässchen Tee. Wohl bekomm's oder *proost!,* wie man in Amsterdam sagt.

ÜBRIGENS

Tapas auf Holländisch! Wahrscheinlich um länger durchhalten zu können, ist dereinst die ›**Borrelgarnituur**‹ erfunden worden, bestehend aus altem und jungem Gouda bzw. Old Amsterdammer, Leber- (und in Amsterdam traditionell) Ochsenwurst sowie *bitterballen,* frittierten Ragoutbällchen, die um vieles besser schmecken als sie aussehen. Je nach Lokal können auch noch Silberzwiebeln, Oliven, Nüsschen etc. auf den Tresen kommen.

Die DNA der Stadt – **im Amsterdam Museum**

5

Museum ja, langweilig nein. Denn das für Stadtgeschichte zuständige Museum macht in Multimedia. Das tun viele, aber das Amsterdam Museum macht vor, wie es richtig geht. Moderne Museumspädagogik at its best!

Am Anfang steht eine Zeitreise: Shoppingwütige, die üblichen Einkaufsketten, grelle Farben, Plastikklamotten – die **Kalverstraat** und das hektische 21. Jh. lassen grüßen. Doch die aufwendig gestaltete Pforte von 1581 an der Nr. 92 (leicht zu verfehlen, sie ist etwas nach hinten versetzt) ist eine ›Zeitschleuse‹. Wer sie durchquert, ist mit ein paar Schritten im Amsterdam des 17. Jh. gelandet und von Stille umfangen. Das **Amsterdam Museum** 1 ist im Komplex eines ehemaligen Waisenhauses untergebracht, und Giebel, Tore, die Säle und die beiden Innenhöfe, einer für die Mädchen, einer für die Jungen, erinnern bis heute an das *burgerweeshuis.*

Weich gebettet auf dem 180-Nationen-Teppich »Meine Stadt« von Barbara Broekman im Amsterdam Museum während der Museumsnacht.

ÜBRIGENS

Verzeihung, Sie stehen auf Sumatra! Doch das ist noch nicht alles: Tatsächlich könnten Sie beim Besuch der **Schuttersgalerij** auf den 179 Nationen (heute 180) Amsterdams herumtrampeln. Und sind damit in bester Gesellschaft: Das tun die übrigen 475 000 Besucher der Museumsgalerie jährlich auch. Und dafür ist der 40 m lange Teppich von Barbara Broekman auch da: Ihr Kunstwerk feiert die Vielfalt der Stadt, und jeder Nation ist eine Teppichfliese gewidmet. Dass der Teppich im Museum bleiben konnte, ist den Amsterdamern selbst zu verdanken – in einer gewaltigen Kraftanstrengung trugen sie knapp 23 000 € zusammen.

Stille mitten in der Stadt: im Museumscafé

Amsterdams DNA

An der Kasse erhält jeder ›Zeitreisende‹ seine persönliche DNA-Karte, mit der er in seiner Sprache die Multimedia-Stationen aktivieren kann. Die DNA-Tour folgt in sieben interaktiven Etappen der Stadtgeschichte. Touchscreens, Filme, ein Zeitstrahl – die einzelnen Stationen und Interaktionen nehmen Neugierige mit auf die Reise.

Amsterdam: einst eine kleine Siedlung an der Amstel, im 17. Jh. Welthandelszentrum, heute eine bunte Weltstadt, in der 180 Nationalitäten leben – das Museum erzählt spannend über die Toleranz, den Unternehmergeist und die Eigensinnigkeit in einer Stadt, die schon seit Jahrhunderten Menschen aus der ganzen Welt anzieht. Angefangen bei den Kaufleuten aus Antwerpen und den sephardischen Juden im 17. Jh. über die friesischen und Brabanter Bauern zwei Jahrhunderte später bis zu den Arbeitern aus den Mittelmeerländern im 20. Jh. Sie alle trugen ihr Scherflein zur Geschichte dieser einzigartigen Weltstadt bei.

Galerie auf offener Straße

Zwischen den beiden Gebäuden des Waisenhauses führt eine schmale Brücke über die Gasse zwischen Kalverstraat und Begijnhof. Dort unten, also sozusagen auf der Straße, hängen gewaltige Gemälde. Diese (überdachte) **Schuttersgalerij** zeigt Porträts des 17. Jh. von bedeutenden Mitgliedern der Schützengilden Amsterdams, wie sie im Goldenen Jahrhundert der Niederlande sehr en vogue waren. Das bedeutendste *schuttersstuk* dieser Art ist Rembrandts »Nachwache«, die im Rijksmuseum hängt. Sehr witzig und gelungen: Den historischen Werken gegenüber hängen seit Kurzem moderne Gruppenporträts von Repräsentanten der heutigen Stadtbevölkerung, z. B. Gemälde türkischer Lehrer und marokkanischer Kickboxer, von Ajax-Spielern und städtischen Polizisten.

Ach ja, die Holzfiguren am Ende der Galerie sind übrigens nicht aus Madame Tussauds Wachsfigurenkabinett entlaufen, vielmehr waren Goliath (5,30 m) und David (1,60 m) vom 17. Jh. bis 1862 in einem Vergnügungspark aktiv.

Ein Leben wie Oliver Twist

Gemeinsam auf Entdeckungstour gehen? Familien mit Kindern ab vier Jahren können das in der

INFOS/ÖFFNUNGSZEITEN

Amsterdam Museum 1: Kalverstraat 92, www.amsterdammuseum.nl, tgl. 10–17 Uhr, 13,50 €, unter 17 J. frei

KEINE FÜHRUNG IST WIE DIE ANDERE

… bei **Mee in Mokum**: Ehrenamtliche ›Experten‹ führen durch ihre Stadt. Start Di–So 11 und 14 Uhr am Museum (reservieren), www.gildeamsterdam.nl/de/stadtfuehrungen, 10 €

EINE OASE DER RUHE

Das **Museumcafé Mokum 1** (www.museumcafemokum.nl, tgl. 10–17 Uhr, Gerichte 3–15,50 €) besticht mit charmantem Innenhof mit Terrasse und Säulengang – und weil es so ruhig ist. Einst grasten hier die Kühe der Nonnen vom benachbarten Kloster, heute sitzt man sehr schön mit Blick auf die ›Schließfächerwand‹ der Waisenkinder.

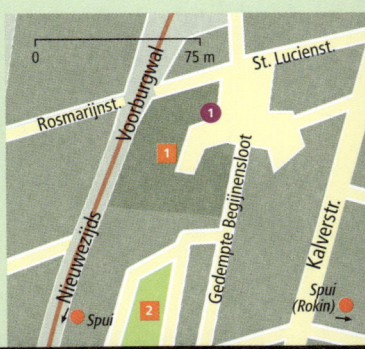

Cityplan: Karte 2, A 3 | **Tram** 2, 4, 11, 12, 13, 14, 17, 24: Spui, Rokin

speziell für die Kleinen entwickelten Ausstellung ›Het Kleine Weeshuis‹ tun und begegnen dem Alltag in einem Waisenhaus des 17. Jh. Kinder erleben, was sie hier sehen, mit allen Sinnen: Gegenstände flüstern ihnen aufgeregt Neuigkeiten zu, die Besucher müssen sich verstecken, um von der Heimleitung nicht gesehen zu werden, Schönschrift üben, Kühe melken, zu viert aus einem Napf essen …

> ## UM DIE ECKE

Eine Stadt in der Stadt und eine Idylle ist der **Begijnhof 2**, das bekannteste, älteste und größte *hofje* Amsterdams. Hier lebten seit 1346 die *begijnen,* fromme Frauen, die nicht ins Kloster eintreten, aber dennoch in einer (nicht so strengen) Gemeinschaft leben wollten. Einen kleinen Dorfplatz mit viel Grün und über 100-jährigen Bäumen säumen schmale Häuschen, so auch das älteste der Stadt von 1528 (Nr. 34) mit den Original-Holzgiebeln. Die übrigen Häuser stammen überwiegend aus dem 17. Jh. Hinter der unscheinbaren Fassade der Nr. 29–30 verbirgt sich eine Geheimkirche (Eingang Begijnhof: am Spui oder über die Schuttersgalerij, 9–17 Uhr).

Starke Frauen ihrer Zeit: die Beginen

6

Schöne Dinge, schiefe Giebel – **in den Negen Straatjes**

3 x 3 macht 9 – die neun historischen Gässchen zwischen den alten Prachtgrachten bilden eines der beliebtesten Einkaufsviertel der Stadt. Das ehemalige Handwerkerviertel besitzt die witzigsten, ungewöhnlichsten und schönsten Lädchen Amsterdams, ergänzt durch eine hohe Dichte an sympathischen Cafés und Restaurants. Shoppen leicht gemacht in einer Traumkulisse.

Schöner shoppen ist das Motto in den Negen Straatjes. Zwar besitzen viele Städte eine ähnliche Palette an spezialisierten Läden, doch so eng und so konzentriert beieinander – da wird man anderswo lange suchen müssen.

Kommen Ihnen diese schmalen kleinen Gassen irgendwie bekannt vor? Vielleicht aus »Ocean's Twelve«? Rannte hier nicht George Clooney als Meisterdieb Ocean, gefolgt von der ihm hart auf den Fersen bleibenden Europol-Agentin (gespielt von Catherine Zeta-Jones), durch die Herengracht?

Richtig! Die neun Sträßchen sind eine traumhafte historische Kulisse – und das beileibe nicht nur als Drehort.

Das Handwerk weist den Weg

Die Negen Straatjes heißen Reestraat, Hartenstraat und Gasthuismolensteeg, Oude Spiegelstraat, Wolvenstraat und Berenstraat, Runstraat, Huidenstraat und Wijde Heisteeg. Ihre Namen erinnern an kleine Betriebe und an Handwerke, die hier seit dem 17. Jh. beheimatet waren. Es handelte sich dabei überwiegend um Berufe, die mit dem Bearbeiten von *huiden* (Häuten) zu tun hatten, Häute von *beren* (Bären), *herten* oder *harten* (Hirschen), *reeën* (Rehen), *runden* (Rindern) oder *wolven* (Wölfen).

Ein Marketinkonzept, das voll aufgeht

Wer eine ordentliche Grundlage für sein Shoppingvergügen braucht, ist bei Harrie und (inzwischen) seinen Töchtern im **Koffiehuis De Hoek** ❶ an der Ecke Prinsengracht und Reestraat richtig. Bei Spiegeleiern und Pfannkuchen, frisch gepresstem Orangensaft und gutem Kaffee trifft sich hier die ganze Welt, Prominente wie Schriftstellerin Connie Palmen ebenso wie die Gäste des nahe gelegenen Pulitzer-Hotels oder die Arbeiter von der Baustelle um die Ecke. Und hier kann man in Ruhe überlegen, was man will. Holländische Designermode? Abgefahrene Schuhe? 50er-Jahre-Geschirr? Handgefertigte Möbel? Riesen-Käselaibe? Leckere Pralinen? Aber ja! Das alles gibt es in den Negen Straatjes. Und dazu den Blick auf die historischen Handwerkerhäuschen gratis.

In den 1960er-Jahren zogen viele kleine Betriebe und Handwerker aus dem Grachtengürtel weg und die leer stehenden Häuser wurden in moderne, oftmals luxuriöse Apartmentkomplexe umgebaut. Wer hierher gezogen ist, hat Geld und gibt es auch gerne wieder aus. Es verwundert also nicht, dass sich hier unzählige spannende Läden, Cafés und Restaurants angesiedelt haben. In den 1990er-Jahren wurde dann die Marketingidee der ›Negen Straatjes‹ geboren – und ging voll auf.

Kleines 1x1 des Shopping

Auf dem Weg zu den Läden heißt es, Radfahrern auszuweichen, ihrem empörten Klingelkonzert zu

▶ **INFOS**

Noch mehr Infos über die Läden in den Negen Straatjes, immer mit einem kleinen Blick hinter die Kulissen, finden Sie bei: de9straatjes.nl/en

ÜBRIGENS

Die Amsterdamer stehen drauf, ›wehrlose‹ Touristen vor ihren Rädern herzutreiben wie eine Herde Jungkälber. In den Negen Straatjes zeigt sich, wer Herr über die Straße ist, denn dies ist ein besonders umkämpftes Terrain: eng, kopfsteingepflastert und sehr gut besucht. Also, her mit der Harke, in diesem Fall der Fahrradklingel, und los. Eine wahre **Klingel-Kakophonie** drischt auf den Gast von auswärts ein, sollte dieser unbedacht vors Rad springen. Also: Augen auf!

Wo im 19. Jh. vor allem Häute bearbeitet wurden, finden sich heute in historischer Kulisse an die 190 ungewöhnliche Lädchen, Cafés und Restaurants.

Wenden Sie den Blick einmal von den Läden ab, Sie werden staunen, was Sie noch alles entdecken. Die schmalen Häuschen – man baute in Amsterdam ja in die Tiefe und nicht in die Breite, was steuerlich günstiger war – neigen sich einander vorsichtig zu, fast so, als wollten sie sich freundlich grüßen. Woher die Schieflage der Häuser tatsächlich rührt, machen die *hijsbalken* unterm Giebel klar, die noch fast jedes Gebäude besitzt. Mithilfe dieser Zugbalken beförderte man alles Mögliche durch die Fenster ins Innere des Hauses, denn die Treppen waren dafür zu schmal. Um zu verhindern, dass die Fassade beim Lastenaufzug über den Zugbalken beschädigt wurde, baute man *vluchtgevels*, sich etliche Grade nach vorn über die Straße neigende Giebel.

trotzen, hübsch dekorierte Häuschen zu bewundern, die nachbarschaftliche Atmosphäre in sich aufzunehmen – erstaunlich, wie viele Anwohner und Ladenbesitzer draußen hocken, sobald sich ein Sonnenstrahl blicken lässt – und immer mal wieder einen der ungewöhnlichen *winkel* zu besuchen.

Es bietet sich ein verlockendes Angebot: belgische Feel Good Fashion bei **Who's That Girl**, coole Secondhand- und King-Louie-Vintage-Mode bei **Exota** – in der Hartenstraat 10 für Frauen und Kinder, in Nr. 13 für Männer und Frauen –, abgefahrene Schuhe (Nr. 1) und Taschen (Nr. 37) bei **Hester van Eeghen**, mexikanischer Schmuck bei **meCHICas**.

Kleine Giebel- und Dessouskunde

Wer jetzt über Oude Spiegelstraat, Wolvenstraat und Berenstraat wieder in die entgegengesetzte Richtung zur Prinsengracht läuft, passiert nicht nur einige weitere Shopping-Raritäten, als da wären: **RIKA**, das zeitlose Mode- und Taschenlabel der Schwedin Ulrika Lundgren, **Laura Dols** mit hippen Vintage-Klamotten im 50er-Jahre-Style und sündhaft teuren Abendroben bei **MENDO**, Architektur- und Kunstbuchhandlung, Galerie und mehr, die nicht nur wunderschön, sondern auch wahnsinnig gut sortiert ist. Nein, wer den Kopf jetzt noch einmal für ein Weilchen in den Nacken legen mag, wird sich in Sachen Amsterdamer Giebelkunde weiterbilden können. Vorherrschend sind in diesen Straßen Treppen-, Schnabel-, Hals- und Leistengiebel. Ach ja, parallel dazu kommt man beim Schaufensterschauen noch zu einer Einführung in Dessous ohne Spitze, bei **marlies dekkers**.

Pasta oder Prada?

Möchten Sie jetzt doch eine Auszeit für müde Füße nehmen, bevor die letzten Sträßchen folgen? Bei **Raymond's Sandwiches** ➋ gibt's leckere *broodjes* und in der **Chocolaterie Pompadour** ➌ ebensolche Pralinen. Derart frisch gestärkt geht es weiter, es stehen noch einige Shops auf der Liste, so **MOSCOW by Pure Brands** ➓ mit der kompletten Kollektion der bekannten niederländischen Damen-Modelinie, der wunderbar kitschige Conceptstore **The Darling** 🛍 mit Café, **De Kaaskamer van Amsterdam** 🛍, einer der besten Käseläden der Stadt, **Zipper** 🛍 mit trendy Vintage-Klamotten und und und …

EET SMAKELIJK!

Koffiehuis De Hoek ➊: Prinsengracht 341/Reestraat, Mo–Fr 8–17, Sa, So 8–20 Uhr, Snacks etc. ab 3 €; ausgezeichnetes Frühstück, leckere Käse- und Apfelkuchen, Crêpes, Säfte …

Raymond's Sandwiches ➋: Wijde Heisteeg 6A, echtebroodjes.nl, Di–Fr 9–17, Sa 10.30–17 Uhr, belegte Brötchen bzw. Sandwiches 3,20–5 €. Mit Raymond kommt man schnell ins Plaudern …

Chocolaterie Pompadour ➌: Huidenstraat 12, www.pompadour.amsterdam, Mo–Fr 10–18, Sa 9–18, So 12–18 Uhr; mit Tearoom

Für den krönenden Abschluss empfiehlt sich das japanische Eethuis **Kagetsu** ➍ (Hartenstraat 17, www.kagetsu.nl, tgl. 12–23 Uhr, 2 Sushi ab 5 €, große Sashimi-Auswahl 24,50 €, mit Sushibar).

SHOPPING-MARATHON

Who's That Girl 🛍: Reestraat 18, www.wtgfeelgoodfashion.eu/en

Exota ➋ 🛍: Hartenstraat 10 und 13, www.exota.com; Outlet auf dem Noordermarkt Sa 9.30–16.30, Mo 9–13 Uhr

Hester van Eeghen 🛍: Hartenstraat 1 und 37, hestervaneeghen.com

meCHICas 🛍: Gasthuismolensteeg 11, mechicas.com

RIKA Boutique 🛍: Oude Spiegelstraat 9, www.rikastudios.com, s. auch S. 120

Laura Dols 🛍: Wolvenstraat 7, lauradols.nl; Outlet siehe Website

MENDO 🛍: Berenstraat 11, www.mendo.nl

marlies|dekkers store 🛍: Berenstraat 18, www.marliesdekkers.nl

MOSCOW by Pure Brands 🛍: Runstraat 8, www.purebrands.nl

The Darling 🛍: Runstraat 4, www.thedarling.nl

De Kaaskamer van Amsterdam 🛍: Runstraat 7, www.kaaskamer.nl, s. S. 100

Zipper 🛍: Huidenstraat 7, über Facebook

 # 7

Nicht schmal und tief, sondern breit und großzügig waren die prachtvollen Doppelhäuser im südlichen Abschnitt des Grachtengürtels. Das Prunkstück des Cromhouthuis von 1662 (heute als Bijbels Museum zugänglich, www. bijbelsmuseum.nl) ist die außergewöhnliche ovale Wendeltreppe.

Schöner wohnen am Wasser – **Gouden Bocht**

Die teuersten Grachtenhäuser Amsterdams stehen hier Spalier, in der ›Goldenen Biegung‹ der Herengracht. Macht strahlen sie aus, Würde und Eleganz – und genau diese Wirkung hatten sich die Stadtväter erhofft. Die Anwesen sind nicht zu besichtigen, wohl aber drei Grachtenhäuser ein paar Hausnummern weiter, die als Museen eingerichtet sind.

Nach dem Pariser Eiffelturm ist der Amsterdamer *grachtengordel* wohl die bedeutendste touristische Attraktion in Europa. Im Jahr 2010 wurde dieser Bedeutung Rechnung getragen: Das einzigartige Städtebauprojekt erhielt den Titel UNESCO-Weltkulturerbe verliehen.

Im Spinnennetz

Das Idyll des Grachtengürtels lockt Jahr für Jahr Hunderttausende Besucher an und hat der Stadt den Beinamen ›Venedig des Nordens‹ beschert. Beim Blick auf den Stadtplan erinnert es an ein Spinnennetz, dessen Fäden die Kanäle, Brücken und Sträßchen sind.

Die drei prächtigen Hauptgrachten Amsterdams, **Heren-, Keizers-** und **Prinsengracht,** legen sich wie ein Halbmond um das Alte Zentrum, das bis Ende des 16. Jh. im Westen vom mittelalterlichen Festungsgraben Singel begrenzt war. Um Wohnraum für die im 17. Jh. rasant wachsende Bevölkerung zu schaffen, entstand dieses Prestigeprojekt zwischen IJ und Amstel als Teil eines gigantischen Stadtentwicklungsprogramms. Damals wie heute sind die drei Grachten die begehrtesten Wohnadressen Amsterdams. Sanierung und Erhalt des Grachtengürtels kostet die Stadt Jahr für Jahr ein Vermögen.

Besonders romantisch ist ein Spaziergang durch den Grachtengürtel am Abend, wenn Brücken und Kanäle beleuchtet sind. Wie eine Ehrengalerie präsentiert sich dann die Grachtenarchitektur des 17. Jh. – auf insgesamt gut 30 km. An einem Tag wird man diesen Spaziergang schwerlich schaffen, aber ein Teilstück schon, nämlich die Goldene Biegung an der Herengracht, eine der meistfotografierten Sehenswürdigkeiten der Stadt.

Geschafft!

Hier, an der **Gouden Bocht** (Herengracht 456–485) zwischen Leidsegracht und Vijzelstraat, stehen die prunkvollsten Patrizierhäuser. In diesen Stadtpalästen mit wundervollen großzügigen Gärten – ein echter Luxus für eine an Wohnraum knappe Stadt – lebten vor allem Reeder, reiche Kaufleute und die *Heren Regeerders,* die Regenten im Stadtrat, nach denen die Herengracht als exklusivste Gracht der Stadt auch benannt worden ist. Entsprechend teuer war dieser Abschnitt denn auch.

Da sich die Berechnung der Steuern nach der Hausbreite und der Anzahl der Fenster richtete, sind die meisten Häuser im Nördlichen Grachtengürtel nur 4–6 m breit, dafür aber gut 25 m tief. Im Südlichen Grachtengürtel dagegen verkaufte die Stadt problemlos auch zwei nebeneinanderliegende Parzellen an denselben Bauherren, der

▶ INFOS
Mehr über Grachtengürtel und -häuser, Architekten und Künstler sowie Fotos und Zeichnungen unter: www.amsterdam segrachtenhuizen.info/de

ÜBRIGENS

Bis heute erhitzen sich die Hauptstadtgemüter an der Frage, ob es sinnvoll war, den Grachtengürtel 2010 als UNESCO-Welterbe zu adeln. Viele Amsterdamer befürchten, dass die Ernennung zum Welterbe Veränderungen im Stadtbild und Modernisierungen unmöglich macht. Strengere Baumaßnahmen folgen, die Reglementierungen der UNESCO sind einschneidend. Der Blick nach Osten, nach Dresden, scheint es zu beweisen: Nach dem Bau einer neuen Elbbrücke strich die UNESCO die Stadt 2009 von der Welterbeliste. Ob die Entscheidung für den Titel auch eine Entscheidung gegen jede Innovation in der Amsterdamer Innenstadt war, wird sich in den nächsten Jahrzehnten zeigen.

Poseidon reitet auf dem Giebel – und erinnert an Hollands bedeutende Rolle als Seefahrernation im Goldenen Jahrhundert.

Noch mehr Grachtenhäuser, noch mehr Gärten (unterschiedlichsten Stils), noch mehr lauschige Innenhöfe lernt man bei den **Urban House & Garden Tours** kennen – und zwar solche, in die man sonst nicht hineinkommt (www.uhgt.nl/en).

dann ein Haus bauen ließ, dessen Fassade zwei Häuser vortäuschte. Auf einen Nenner gebracht: Wer in der Herengracht in einem der ausladenden Doppelhäuser wohnte, der hatte es geschafft.

Heute kann es sich kaum noch jemand leisten, in diesem Teil der Gracht zu wohnen. Der Unterhalt der Häuser ist so horrend teuer geworden, dass Banken, Versicherungen und andere Institutionen hier ihren Sitz genommen haben, weshalb dieser Grachtenabschnitt zwar sehr prachtvoll, aber auch ein wenig leb- und seelenlos wirkt.

Groß, größer, am größten

Die federführenden Architekten an der Gouden Bocht nahmen gerne Anleihen bei ihren französischen Kollegen: Die Sandsteinfassaden werden von zentralen, über die charakteristischen Treppenaufgänge erreichbaren Eingängen beherrscht; die klassischen Giebelformen (Treppen-, Hals- oder auch Glockengiebel) weichen mehr und mehr den flachen, mit Figuren oder Balustraden geschmückten Leistengiebeln.

Ein herausragendes Beispiel hierfür ist das **Huis aan de Bocht** 1 (oder Huis de Neufville, Nr. 475), dessen Topgiebel ein vergoldeter Globus krönt. Der französische Architekt Daniel Marot baute es um 1730 im holländischen Louis-XIV-Stil komplett für ein wohlhabendes Kaufmannsehepaar um. Schräg gegenüber zieht das **Huis van Deutz** 2 (Nr. 450) die Blicke auf sich: Der Kaufmann Joseph Deutz engagierte 1665 den Grachtengordel-Architekten schlechthin, Philip Vingboons. Deutz brauchte keine Kosten zu scheuen, hatte er sich doch soeben die beiden teuersten Parzellen der Herengracht sowie noch zwei weitere auf der Rückseite zur Keizersgracht hin geleistet. Fünf Fensterreihen nebeneinander sind ein mehr als deutlicher Fingerzeig dafür, dass sich Deutz um Steuern sicherlich keine Sorgen machen musste. Heute residiert hier die Deutsche Bank.

Auf Vingboons (1607–78), der in Amsterdam viele Kanalhäuser im klassizistischen Stil baute, geht auch das stattliche Gebäude in der **Herengracht 466** 3 aus dem Jahr 1671 zurück. Es gehörte der Nederlandsche Handel-Maatschappij, einer Vorläufergesellschaft des Bankenkonzerns ABN AMRO.

Cityplan: E/F 5/6 | **Tram** 2, 11, 12, 13, 17: Koningsplein

INFOS/ÖFFNUNGSZEITEN

KattenKabinet 5: Herengracht 497, www.kattenkabinet.nl, Mo–Fr 10–17, Sa, So 12–17 Uhr, 7 €
Museum Willet Holthuysen 6: Herengracht 605, www.willetholthuysen. nl, Mo–Fr 10–17, Sa, So 12–17 Uhr, 7 €

NOCH MEHR GRACHTENHÄUSER

Einen Einblick in die Wohnverhältnisse vergangener Jahrhunderte geben **Tassenmuseum Hendrikje 7** (▶ S. 78), **Museum van Loon 8** (▶ S. 79) und **Het Grachtenhuis 9** (Herengracht 386, www.hetgrachtenhuis.nl/en, Di–So 10–17 Uhr, 15 €). Auch dieses wunderschöne Doppelgrachtenhaus entstand unter der Ägide von Vingboons. Die multimediale Ausstellung zeigt, wie der Grachtengürtel entstand und welchen Sinn er hatte.

KONTRASTPROGRAMM

Das **Fotografiemuseum Foam 10** (Keizersgracht 609–613, www.foam.org, Sa–Mi 10–18, Do, Fr 10–21 Uhr, 11 €) zeigt in einem modern umgebauten und renovierten Grachtenhaus des 19. Jh. Wechselausstellungen berühmter Fotografen und junger Talente, zu moderner und historischer Fotografie, Videokunst und Modefotografie. Schönes Café mit kleiner (Bio-)Karte und günstigen Preisen.

ROMANTISCH TAFELN AN DER GRACHT

Ein *aanrader*, ein besonderer Tipp also, ist **Restaurant Johannes 1** direkt an der Herengracht (Nr. 413, T 020 626 95 03, restaurantjohannes.nl, tgl. 18–22.30 Uhr, 4- bis 7-Gänge-Überraschungsmenü 49–79 €, A-la-carte-Hauptgerichte 28 €). Ohne viel Chichi wird hier in lockerer Atmosphäre modern interpretierte französische Küche aufgetischt – immer auch ein Fest fürs Auge. Und das mit der Überraschung ist wörtlich zu verstehen.

AUSGEHMEILEN

Um die Ecke liegen mit dem touristischen **Rembrandtplein 1**, der **Reguliersdwarsstraat 2** und der **Utrechtsestraat 3** drei Ausgehmeilen, wo jeder etwas für sich findet – garantiert!

Auf der gegenüberliegenden Grachtenseite fällt das Gebäude **Herengracht 495 4** auf, weil ein Balkon es ziert – ein für die damalige Zeit sehr ungewöhnliches Element in der Grachtenarchitektur. So verwundert es auch wenig, dass der Balkon erst bei der im 18. Jh. in diesem Grachtenabschnitt sehr beliebten Umgestaltung der Fassade hinzugefügt wurde. Das Gebäude war übrigens das standesgemäße Zuhause von Bürgermeister Jan Six II., dessen (gleichnamigen) Vater Rembrandt durch ein Gemälde hat unsterblich werden lassen.

Hinter den Kulissen

Hinter der etwas unscheinbareren Herengracht 497 verbirgt sich das **KattenKabinet** `5` – dafür können Sie das ›Innenleben‹ hier aber besichtigen. In den fünf schön gestalteten Innenräumen der Beletage ist eine kleine Kulturgeschichte der Katze zu sehen. Der Ballsaal mit dem Kristallüster datiert noch aus dem Jahr 1750, das Musikzimmer mit den schönen Deckenmalereien von ca. 1870 und die original eingerichtete Mechelse Kamer von 1886.

Wir verlassen die Gouden Bocht, es geht aber an der Herengracht weiter. Um nicht ganz so gut Situierten einen Eindruck davon zu geben, wie Bewohner eines Patrizierhauses im 18. und 19. Jh. lebten, vermachte die kinderlose Witwe Louisa Holthuysen der Stadt 1895 ihr großzügig angelegtes Doppelgrachtenhaus mit der Auflage, es der Öffentlichkeit zugänglich zu machen. Die Besucher des **Museum Willet Holthuysen** `6` betreten das Gebäude heute durch den Dienstboteneingang unter dem repräsentativen doppelten Treppenaufgang. In der Beletage lagen die Wohn- und Repräsentationsräume: Der kostbar eingerichtete Ballsaal mit großen Spiegeln, Teppichen, Gobelins und Kandelabern aus Frankreich war der ganze Stolz des Ehepaars Willet Holthuysen. Hier richtete der Kunstsammler Abraham Willet, im Amsterdamer Kulturleben kein unbeschriebenes Blatt, Konzerte, Lesungen, Kunstausstellungen oder prachtvolle Kostümbälle aus.

Nach hinten hinaus in den Garten gelangt man durch die Küche, die dem 18. Jh. getreulich nachempfunden ist. Der streng symmetrisch angelegte und ein wenig steif anmutende Barockgarten (ebenfalls eine gut gelungene Nachbildung) war ein absoluter Luxus für das Amsterdam des 18. Jh. Genießen Sie aus der *Tuinkamer* den Blick über den Garten – so muss sich das Ehepaar Willet Holthuysen einst gefühlt haben.

ÜBRIGENS

Einen romantischeren Flecken als den auf der Brücke an der Ecke Reguliers- und Herengracht kann man sich für einen abendlichen Spaziergang kaum aussuchen. In allen vier Himmelsrichtungen schlagen **Brücken** ihren Spagat übers Wasser, insgesamt 15, geschwungene und flache. Letztere ein Zugeständnis an die früheren Pferdetrams: Die Schienen konnten nicht in einer Wölbung verlegt werden. Abends sind diese Brücken beleuchtet und ihre Lichter spiegeln sich im Wasser. Dies ist auch die schönste Zeit für eine Grachtenrundfahrt.

›Die beste aller Städte‹ – **Mokum Aleph**

8

›Jerusalem des Westens‹ – das war Amsterdam für die jüdische Bevölkerung, die hier seit dem 16. Jh. Zuflucht suchte und fand, bis sie im Zweiten Weltkrieg unter der deutschen Besatzung fast völlig ausgelöscht wurde. Ein Spaziergang führt zu Zeugnissen jüdischen Lebens im heutigen Stadtbild.

Über Jahrhunderte hat die jüdische Gemeinschaft das Stadtleben geprägt. Seit die Sepharden aus Spanien und Portugal vor der Inquisition und die Aschkenasim Osteuropas vor Pogromen flohen, war Amsterdam ›Mokum Aleph‹ – ›die beste aller Städte‹, ihr ›Jerusalem des Westens‹, wo sie ihren Glauben frei praktizieren konnten. Bis sie auch in Amsterdam nicht mehr willkommen waren: Während der Besatzungszeit im Zweiten Weltkrieg ver-

Einst wurde hier gelacht, gespielt und gesungen, heute erinnert ein Mahnmal in der Hollandse Schouwburg an die verfolgten Juden.

47

Im Micropia gewinnt man die Mikroorganismen lieb – oder auch nicht. Wussten Sie beispielsweise, dass ein Erwachsener am Tag durchschnittlich 1,5 kg Mikroben mit sich herumschleppt?

ÜBRIGENS

Warm anziehen muss sich, wer den **Kerzenlichtkonzerten** in der Portugese Synagoge lauschen möchte. Denn hier ist alles noch wie vor 340 Jahren: keine Heizung, kein elektrisches Licht, Sand auf dem Kiefernholzboden, um ihn sauber zu halten. Nahezu 1000 Kerzen werden entzündet, was ein Weilchen dauern kann … Dafür tauchen diese die sonst eher dunkle Synagoge in ein wunderbar warmes, weiches Licht.

schleppten die Nationalsozialisten fast alle in der Stadt lebenden Juden und ermordeten sie in den Vernichtungslagern Osteuropas.

Belebt, besetzt, geräumt

Ganze Straßenzüge standen nach 1945 leer, die Häuser waren geplündert, die Bewohner umgebracht – die deutschen Greueltaten rissen eine tiefe Wunde ins Stadtleben, die bis heute nicht verheilt ist. Das dichtbesiedelte Viertel rund um Nieuwmarkt (► S. 29) und **Waterlooplein** **1** war der ehedem ärmere Teil des Judenviertels. Bis in die 1960er-Jahre ein trostloses Abbruchgebiet, wurde es nun von Hausbesetzern *gekraakt*. Für den Bau der Metro in den 1970er-Jahren ließ die Stadt das Gelände unter heftigen Protesten räumen.

Wie ist es heute, jüdisch zu sein?

Auf dem Waterlooplein rund um die massige Stopera (Rathauskomplex), der respektlose Amsterdamer den Namen ›Gebiss‹ verpasst haben, findet heute ein riesiger **Flohmarkt** statt. Durch die unüberschaubare Ansammlung von Kitsch, Kunst und Kleidung geht es zum **Joods Historisch Museum** **2**. Das berühmteste jüdische Museum außerhalb Israels besteht aus gleich vier Aschkenasim-Synagogen des 17. und 18. Jh. Der Eingangsbereich, in dem die vier Synagogen ›zusammenstoßen‹, überzeugt – wie auch das weitere Museum: Es vermittelt ein vielschichtiges Bild von der jüdischen Religion und Kultur. Die Verfolgung durch die Nazis und die zionistische Bewegung sind weitere Schwerpunkte der teilweise sehr ergreifenden Ausstellung. Im **Kindermuseum** des JHM erlebt man gemeinsam mit der jüdischen Familie Hollander ihren Alltag.

Gleich gegenüber, auf der anderen Seite der verkehrsreichen Weesperstraat, erhebt sich die monumentale **Portugese Synagoge** **3**. Der mächtige rote Backsteinbau (1675) mit den violetten Fenstern illustriert in all seiner Pracht die Rivalität zwischen den wohlhabenden Sepharden und den ärmeren Aschkenasim, deren Synagoge halb so groß war.

Wartezimmer zur Hölle

Auf dem Platz vor der Synagoge symbolisiert die Skulptur **De Dokwerker** **4**, »Die Dockarbeiter«, den wagemutigen Widerstand der Amsterdamer gegen die Verschleppung ihrer jüdischen Mitbürger

INFOS/ÖFFNUNGSZEITEN

Flohmarkt am Waterlooplein 1:
Mo–Sa 9.30–18 Uhr; riesiges Angebot
joods kultureel kwartier: jck.nl, tgl.
11–17 Uhr, Öffnungszeiten Synagoge s. u.
Für Joods Historisch Museum, Synagoge
und Holocaust Museum gibt es ein
Kombiticket für 15 €, das 1 Monat lang
gültig ist, Zutritt zur Schouwburg gratis.
Joods Historisch Museum 2: Nieuwe
Amstelstraat 1
Portugese Synagoge 3: Mr. Visser-
plein 3, Sa geschl., So–Do 10–16/17,
Fr Nov.–Feb. 10–14, März, April, Sept.,
Okt. 10–16, Mai–Aug. 10–17 Uhr
Hollandse Schouwburg 7: Plantage
Middenlaan 24, Spende erwünscht
Nationaal Holocaust Museum 8:
Plantage Middenlaan 27, in Bau
Verzetsmuseum 10: Plantage Kerklaan
61, www.verzetsmuseum.org, Mo–Fr
10–17, Sa, So 11–17 Uhr, 11 €

FÜR KLEINE UND GROSSE KINDER

Artis Zoo 1 (Plantage Kerklaan
38–40, www.artis.nl, tgl. Nov.–Feb. 9–17,
März–Okt. 9–18 Uhr, Sa Juni–Aug. bis
Sonnenuntergang, 23 €, online günstiger)
ist der älteste Zoo Hollands (1838). In
diesem schönen grünen Tiergarten leben
über 6000 Tiere. Mit Planetarium, Aqua-

rium, Zoologischem und seit Neuestem
Mikrobenmuseum (▶ S. 78).

›LEKKER‹ ESSEN

Das **Café de Sluyswacht** 1 (Jodenbreestraat 1, Mo–Do 12.30–1, Fr, Sa
12.30–3, So 12.30–19 Uhr) ist untergebracht im windschiefen Schleusenwärter-
haus von 1695 und hat eine Terrasse
zur Oude Schans. Die **Oranjerie** 5 im
Hortus Botanicus (Plantage Middenlaan
2A, tgl. 10–17 Uhr, Gerichte ab 5 €,
3-Gänge-Lunch 32,50/27,50 €, Eintritt in
den Botanischen Garten 9,50 €) besitzt
eine herrliche Außenterrasse, auf der man
umgeben von alten Pflanzen und Bäumen
bei Kaffee und Kuchen oder einem Bio-
Lunch eine Auszeit nehmen kann.
De Plantage 2: Artisplein, caferestau
rantdeplantage.nl, Mo–Fr 9–1, Sa, So
10–1 Uhr, Lunchgerichte ab 8 €

ARCHETYPUS EINES BRUIN CAFÉ

… ist das sehr beliebte **Eik en Linde**
✦ (Plantage Middenlaan 22, www.
eikenlinde.nl, Mo–Do 11–1, Fr 11–2,
Sa 14–2 Uhr). Die Wände sind mit
Zeichnungen und Fotos gepflastert und
erzählen die bewegte Geschichte der
rund 150 Jahre alten Kneipe. Billard!

Cityplan: Karte 2, C–E 4/5 | **Tram** 14, **Metro** 51, 53, 54: Waterlooplein

ÜBRIGENS

Es geschah am hellichten Tag … Während die Hollandse Schouwburg ein Mahnmal für die Verfolgung und Ermordung von rund 46 000 niederländischen Juden ist, konnten aus dem gegenüberliegenden Kindergarten, in dem heute das Holocaust Museum eingerichtet ist, rund 600 Kinder vor der Deportation gerettet werden. Und zwar immer dann, wenn vor dem Haus die Tram vorbeifuhr und den Blick von der Schouwburg aus verdeckte. Bis das Museum ›richtig‹ öffnet, sind hier kleine Einzelausstellungen zu sehen.

▶ **INFOS & LESESTOFF**

jck.nl/nl/page/judisches-kulturelles-viertel

Auf das Tagebuch der Anne Frank braucht kaum hingewiesen zu werden, in der **Hollandse Schouwburg** gibt es mehr Lesefutter, z. B. sehr spannende Comics zum Thema (auch in englischer oder deutscher Sprache).

– im Februar 1941 brach, durch die ersten Massendeportationen ausgelöst, ein wilder Streik aus.

Ein paar Schritte weiter liegt der **Hortus Botanicus** 5 (▶ S. 49), nebenan der kleine **Wertheim Park** 6, wo das Auschwitz-Denkmal, lauter zerbrochene Spiegel, an das Schicksal der jüdischen Bevölkerung erinnert. Dieses grüne Viertel, die Plantagebuurt, mit seinen vielen schönen Häusern war bis Anfang des 20. Jh. bevorzugter Wohnort der jüdischen Oberschicht. Die **Hollandse Schouwburg** 7 hat hier traurige Berühmtheit erlangt: Ab 1942 diente die Kunst- und Kulturstätte als Sammelplatz für Juden, bevor sie deportiert wurden. Zehntausende durchlitten in diesem Wartezimmer zur Hölle verzweifelte Stunden. Nach Kriegsende war klar, dass an diesem Ort niemals wieder eine Aufführung würde stattfinden können. Das Gebäude mit seiner kleinen, sehr klaren und berührenden Ausstellung ist nun den Opfern des Holocaust gewidmet. Gegenüber wird kräftig am **Nationaal Holocaust Museum** 8 gewerkelt. Seit 2016 ist das Museum zwar geöffnet, aber der Umbau wird sich wohl noch ein paar Jahre hinziehen.

Ein großer Wurf …

… ist der Stadt mit dem **Artisplein** 9 am Zoo gelungen: Der kleine, feine Platz mit Wasserspielen und frei zugänglichen Tischen und Stühlen auf dem großzügig gestalteten Platz unter Platanen besitzt eine gewaltige Anziehungskraft. Durch die Voliere blickt man direkt in den Zoo, und zwar in eine holländische Polderlandschaft mit passendem Getier. Wer nichts für ein Stadtpicknick auf dem Artisplein dabei hat, findet im benachbarten **Plantage Restaurant** 2 draußen oder drinnen im herrlich großzügigen Wintergarten sein Plätzchen.

Was passierte wirklich?

Gleich um die Ecke liegt das für sein Museumskonzept ausgezeichnete **Verzetsmuseum** 10: Mit Betreten des Hauses finden Sie sich im besetzten Amsterdam wieder. Der Davidstern am Giebel des Widerstandsmuseums erinnert an die ehemaligen jüdischen Bewohner des Plancius-Hauses. Im Nachbarhaus ist ein interaktives Juniormuseum für die ganze Familie untergebracht, wo das Schicksal von vier Jugendlichen während der Besetzung Amsterdams durch die Deutschen im Mittelpunkt steht.

Yuppieglück
und Urgestein –
im Jordaan

Friedlich, freundlich und gut gelaunt – das scheinen Vokabeln zu sein, mit denen man hier noch etwas anzufangen weiß. Schmale Gassen, eine intime Atmosphäre, viele Kneipen und Lädchen prägen den Jordaan, das wohl schönste Viertel Amsterdams. Warum nicht nur Alteingesessene hier wohnen mögen, versteht man sofort.

Die meisten Straßen im Jordaan sind nach Blumen oder Pflanzen benannt, was auf die Hugenotten zurückgeführt wird, die sich nach der Flucht aus Frankreich hier niederließen und ihren *jardin,* also ihren Garten, bepflanzten. Ganz in diesem Sinne tun die heutigen Bewohner ihr Bestes, um das Viertel grün zu halten: Ob Geranien, Kletterrosen oder wilder Wein, in jedem Winkel, auf jeder Fensterbank wuchert ein Gewächs.

► INFOS

www.jordaaninfo.com
(auf Englisch)

Ziemlich bunt und ziemlich busy – ›Hipsterbuurt‹ (Hipsterviertel) wird der Jordaan auch genannt.

#9 Jordaan

Mustermix – hinter den Klinkerwänden und schweren Fensterläden der Lagerhäuser in der schönen Brouwersgracht verbargen sich einst wahre Schätze: Salpeter, Schießpulver, Walfett, Elfenbein, Tee, Kaffee, Gewürze … Heute liegen hinter den sorgfältig restaurierten Fassaden schicke Apartments, die sich nur noch die ›happy few‹ der Amsterdamer leisten können.

ÜBRIGENS

Die **Straßennamen** im Jordaan muten seltsam an, da heißt es Boomstraat; Eerste (1e) Boomdwarsstraat; Tweede (2e) Boomdwarsstraat etc. Ein Muster ist für Besucher auf den ersten Blick nicht zu erkennen – dabei ist es ganz einfach: Die Straße ohne Ziffer verläuft immer in Ost-West-Richtung, während die Querstraßen (= dwarsstraat) je nach Abfolge von Ost nach West z. B. 1e Tuindwarsstraat und 2e Tuindwarsstraat heißen.

Gehasst und geliebt

Das meistbesungene Wahrzeichen des Jordaan, die **Westerkerk** 1, gehört eigentlich gar nicht zum Viertel. Während die Jordaan-Bewohner die Kirche heute gerne ein paar Meter nach Westen verschieben möchten, um diese quasi einzugemeinden, haben ihre Ahnen Gebäude und Gottesdienst im 17. Jh. gemieden. Damals wurde die gerade erbaute Renaissancekirche (1620) nämlich vor allem von der begüterten Bevölkerung des Grachtengürtels besucht und ›mit denen‹ wollten die einfachen Arbeiter nicht in einer Bank sitzen. Als krönenden Abschluss trägt der viel besungene **Westertoren** die Krone Kaiser Maximilians. Der blaublütige Österreicher hatte der Stadt 1489 das Privileg verliehen, die Kaiserkrone im Stadtwappen zu führen. 85 m hoch ist der Turm, und wer hinaufsteigt, wird mit einem fantastischen Blick über die Grachten belohnt. Die Kirche ist für ihre Orgelkonzerte und das Glockenspiel bekannt. Übrigens fand Rembrandt hier seine letzte Ruhe, die genaue Lage der Grabstelle ist allerdings unbekannt – er landete im Armengrab.

Auf Umwegen zum Yuppieviertel

Der Jordaan, die Wiege des ›echten‹ Amsterdamers, wird von Prinsen-, Brouwers-, Looiers- und Lijnbaansgracht begrenzt. Er war im 17. Jh. Wohnquartier der mit dem Bau des Grachtengürtels beschäftigten Arbeiter und Handwerker. Später lebten hier über 80 000 Menschen auf engstem Raum zusammen und entwickelten notgedrungen den ihnen so eigenen Lebensstil: ein wenig stur, eigenwillig und ihrer Scholle sehr verhaftet, vor allem aber sozial und *gezellig*. Heute

ist der Jordaan wegen seines intimen und gemütlichen Ambientes als Wohnquartier beliebt und
längst auch als In-Viertel etabliert. Kleine Läden,
angesagte Cafés und Restaurants und lauschige
Innenhöfe säumen die Route.

Die Bloemgracht, die erste Quergracht, war
und bleibt die vornehmste Adresse im Viertel, die
›Herengracht des Jordaan‹. Um hier eine Wohnung
zu ergattern, musste man stets tief in die Tasche
greifen, so auch bei den drei Treppengiebelhäusern
De Drie Hendricken 2 (Nr. 87–91) mit ihren interes-
santen Fensterläden, Bleiglasfenstern und niedrigen
Holztüren. Das schöne Ensemble zählt übrigens zu
dem einen Prozent der Häuser im Viertel, die noch
eine Fassade aus dem 17. Jh. besitzen.

*Lässigkeit an der
Gracht – der Jordaan
steht für Lebensfreude.*

Geheime Welten

Sehr fotogen ist auch die Egelantiersgracht, die
Gracht der Heckenrosen, wo sich hinter einer grünen Tür das 1614 gestiftete **St. Andrieshofje** 3
verbirgt, eine Oase der Ruhe. Besucher, die durch
den blau-weiß gekachelten Gang in den pittoresken Innenhof treten, werden wie in allen *hofjes*
freundlich darum gebeten, Stille und Privatsphäre
der Bewohner zu respektieren.

Nach dieser Stippvisite im ältesten noch be-
stehenden Innenhof Amsterdams (mehr *hofjes*
▶ S. 81) bietet sich ein erster Stopp an, der mit
einem der bekanntesten Bruine Cafés der Stadt
bekannt macht, dem **'t Smalle** ✱. Früher war es
das *proeflokaal* des berühmten Jenever-Brenners
Hoppe. Geblieben sind die authentische Inneneinrichtung und die traumhafte Lage direkt an
der Gracht, wo der eigene Anleger im Sommer als
(Traum-)Terrasse dient. Nicht nur sonntagmorgens
ist hier Hochbetrieb. Wer leckere Brötchen essen
und sein Frühstücksei auf schwankenden Planken
pellen will, muss schon früh aus den Federn, und
auch am Abend heißt es, rechtzeitig Plätze zu
besetzen. Apropos schwankende Planken: Ganz
stilecht kann man um die Ecke auf einem Boot
sitzen, die Sonne und leckere Brote und Salate genießen. Das **Café P96** 1 ist ein echter *aanrader*,
wie der Amsterdamer sagen würde.

›Amsterdamse gezelligheid‹

Im Gewirr der schmalen Gassen zwischen Bloemgracht und der nördlich gelegenen Westerstraat

**Ü
ÜBRIGENS**

For men only … Wer
kennt das nicht, die Blase
droht zu platzen, nir-
gendwo ein Strauch oder
Busch, der einen gnädig
vor der Menschheit
versteckt? Und mag die
Lösung noch so naheliegend
gend erscheinen, nämlich
das drängend Über-Flüs-
sige einfach in die Gracht
zu entlassen, so ist doch
tunlichst davon abzura-
ten. Denn da schlagen die
Stadtväter mit saftigen
Strafen zu. So bleibt nur
die *plaskrulle*, wörtlich die
Pinkellocke. Grachtauf,
grachtab säumen diese
grünen Stahlpissoirs die
Wasserwege der Stadt.
Und ohne sie, so viel
steht fest, hätte der
Grachtengürtel den Titel
UNESCO-Welterbe wohl
kaum bekommen.

► **LESESTOFF**

Skurril kommt **Das Büro der einsamen Toten** (2015) von Britta Bolt daher. In Pieter Posthumus' (!) Leben dreht sich alles um den Tod: Er führt das ›Büro der einsamen Toten‹ und kümmert sich um genau diese: Menschen ohne Angehörige, Menschen, die keiner vermisst. In diesem Fall recherchiert er den seltsamen Tod eines jungen Mannes, der in der Prinsengracht gefunden wurde.

ÜBRIGENS

Die Nachbarschaft hier liebt die gefühlvollen Schnulzen, die *smartlappen* oder *levenslieder*, die in den Musikkneipen des Viertels mit Tränen in den Augen geschmettert werden. Zum Exportschlager eignen sie sich nicht, aber sie gehen zu Herzen, und besonders hoch her geht es bei »Meine Wiege war ein Pappkarton« – denn der stand bekanntlich im Jordaan. Es erstaunt, wie intensiv das Gemeinschaftsgefühl der Jordanezen noch heute ausgeprägt ist. Doch auch Gäste sind willkommen – die Texte sind schlicht und bei Schlagern wie »Bij ons in de Jordaan« hat man den Refrain recht schnell drauf.

liegen zahlreiche Galerien und Ladenlokale, in den Auslagen Mode, Blumen, Trödel, Antikes und Kurioses. Die kleinen Tante-Emma-Läden indes gehören längst der Vergangenheit an. Schuld daran sind nach Ansicht der alteingesessenen Jordanezen die Yuppies, die das Straßenbild des Viertels mit »ihrem Porsche oder 4-Wheel-Drive und ihrem dreirädrigen Jogger-Kinderwagen« maßgeblich verändert haben.

Schmale, blumengeschmückte Straßen führen weiter in die nördliche Spitze des Jordaan. Überall sitzt man auf Treppenstufen zusammen und schwatzt miteinander. Die unzähligen Caféterrassen sind voller gut gelaunter Menschen, die ganze Atmosphäre ist heiter, irgendwie unaufgeregt, gar nicht wie in einer Großstadt. Vorsicht ist nur bei den Radfahrern angebracht, die durch die Straßen flitzen und mit aufgeregtem Klingelkonzert immer wieder auf sich aufmerksam machen.

Idyll mit Tigerkatze

Über die Lindengracht, auch sie eine der zugeschütteten Grachten im Viertel, deren Wasser Parkraum weichen musste, geht es in den Teil des Jordaan, wo der echte *jordanees* wohnen soll – was unschwer an den prächtigen Tüllgardinen, den bunt bemalten Porzellanfigürchen oder anderem Nippes mehr in den Fenstern abzulesen ist. Und auch die Katzendichte scheint hier noch höher zu sein als sonst im Viertel: Die *poes* darf bei diesem Idyll nicht fehlen, meistens ist sie gut genährt und getigert.

Die Welt steht Kopf im Jordaan, scheint uns einer der kuriosesten Giebelsteine (► S. 6) der Stadt am Haus **Lindengracht Nr. 55/57** 4 erzählen zu wollen. Nicht nur, dass der Straßenname von hinten nach vorne zu lesen ist und die Jahreszahl 1972 auf dem Kopf steht, auch zeigt er schwimmende Fische in der Krone eines Baumes, zur Erinnerung an die Jahrhunderte, als sich die Häuser hier noch im Wasser spiegelten.

Proost!

Hat man nun von der Zurückgezogenheit und Stille des nördlichen Jordaan genug, sollte man in eines der Nachbarschaftscafés an der schönen Brouwersgracht mit ihren alten Speicherhäusern einkehren, z. B. ins **Papeneiland** 2. *Veel plezier!*

INFOS/ÖFFNUNGSZEITEN

Westerkerk 1 : Westermarkt, www.
westerkerk.nl, Mo–Fr 10–15, Mitte Mai–
Ende Okt. Sa 11–15, Gottesdienst So
10.30, Gratis-Orgelkonzerte Mai–Okt.
Fr 13–13.30 Uhr
Westertoren: www.westertorenamster
dam.nl, Turmbesteigung April–Okt. Mo–
Sa 10–20 Uhr, halbstündlich Führungen,
8 €

VOR DEN NAZIS VERSTECKT

An der Prinsengracht 263 liegt das welt-
bekannte Hinterhaus, in dem sich Anne
Frank während des Zweiten Weltkriegs
versteckte. Lange Schlangen vor dem
Anne Frank Huis 5 (www.annefrank.
org, April–Okt. tgl. 9–22, Nov.–März
So–Fr 9–19, Sa 9–21 Uhr, 10 €, Achtung:
Tickets NUR online erhältlich!!) dokumen-
tieren das ungebrochene Interesse der
Menschen an ihrem Schicksal.

IN GOTTES NAMEN

Während die ebenfalls für den protestantischen Gottesdienst von Hendrick
de Keyser erbauten Kirchen Wester- und
Zuiderkerk noch in der traditionellen
(= katholischen) Basilikaform verharren,
erhielt die **Noorderkerk** 6 (Noordermarkt, Gottesdienst So 10, 18.30 Uhr,
Samstagsmittagskonzerte 14–15 Uhr,
16 €) einen achteckigen Zentralbau mit
dem Grundriss eines griechischen Kreu-
zes. Sie gilt als eine der ersten Kirchen der
Welt, die eigens für den protestantischen
Gottesdienst erbaut wurde – einfach,
geräumig, die Kanzel in der Mitte, damit
sich die Kirchgänger ganz auf das Wort
Gottes konzentrierten. Sehr gute Akustik.

›BELEGDE BROODJES‹ AUF DEM BOOT

P96 1 : Prinsengracht 96, www.p96.nl/
english, So–Do 11–3, Fr, Sa 11–4 Uhr,
Kuchen ab 3 €, Snacks ab 3 €, *broodjes*
ab 7 €, Toast ab 3 €, Salat ab 8,50 €

TRADITIONSCAFÉS

Café 't Smalle 1 : Egelantiersgracht
12, So–Do 10–1, Fr, Sa 10–2 Uhr, Bröt-
chen ab 5 € (sehr lecker: Brötchen mit
Ziegenkäse, Walnüssen, Honig, 6,50 €)
Café Papeneiland 2 : Prinsengracht 2,
Mo–Do 10–1, Fr, Sa 10–3, So 12–1 Uhr.
Gute *appeltaart*.
Als ältestes Bruin Café der Stadt wird
gerne das **Café Chris** 3 (Bloemstraat
42, www.cafechris.nl, Mo–Do 15–1, Fr,
Sa 15–2, So 15–21 Uhr) gehandelt. Mit
Möglichkeit zum Billard-/Dartspiel.
Musikkneipen: **Nol** 4 (Westerstr. 109,
cafenol.amsterdam, Mi–Do, So 21–3, Fr,
Sa 21–4 Uhr) und **De Twee Zwaantjes**
5 (Prinsengracht 114, www.cafedetwee
zwaantjes.nl, So–Do 15–1, Fr, Sa –3 Uhr)

Im Westen viel Neues –
Westerpark

Where nature meets culture … Zwei Kontraste, wie sie größer kaum sein könnten und die sich dennoch prima ergänzen: Im friedvollen Miteinander setzen die Westergasfabriek, eine der spannendsten Kulturstätten der Stadt, und der freundlich-beschauliche Westerpark eine Energie frei, die das ganze Viertel vibrieren lässt. Eine Ortsbegehung.

Die Erfolgsformel lautet: Man nehme ein altes Gaswerk, eine experimentierfreudige Landschaftsarchitektin und viele kulturbegeisterte Besucher.

Bis weit ins 20. Jh. rauchte, qualmte und dampfte es auf dem Gelände der Amsterdamer Gaswerke. Dann war Schluss, und das Gelände mit den charakteristischen Ziegelsteinbauten im holländischen Neo-Renaissance-Stil verfiel langsam. Bis die verbliebenen 17 Gebäude 1989 unter Denkmalschutz gestellt wurden, der Stadtteilrat Westerpark beschloss, dem aufgelassenen Terrain eine neue, kulturelle Bestimmung zu geben und sich die US-amerikanische Landschaftsarchitektin Kathryn Gustafson ans Werk machte. Sie bettete die Industriedenkmäler in einen großzügigen Landschaftspark, in dem Wasser eine zentrale Bedeutung spielt – sehr zur Freude ganzer Familien, die hier im Sommer ihr Bade-, pardon Wohnzimmer installieren.

Nachbarschaftstreff mit Weltallüre

Das Konzept von Gustafson ging auf, seit 2003 ist die Fabrik eine der hottesten Kulturstätten der Stadt. In der unnachahmlichen Atmosphäre der Industriedenkmäler stehen Ausstellungen, Konzerte, Kino-, Theater- und Tanzvorführungen auf dem Programm. 250 (!) Tage im Jahr ist der Festivalkalender gefüllt. Das Schöne daran, es sind Familien-Events dabei wie der Sunday Market oder das Cinekid Filmfestival, aber auch internationale Veranstaltungen wie die Amsterdam Fashion Week oder die unseen photo fair. Beide finden im **Gasometer**  statt, seinerzeit der größte Europas und mit seiner gusseisernen Deckenkonstruktion und einer Höhe von 40 m eine spektakuläre Location.

Anything goes!

Doch auch wenn gar nichts Besonderes los ist, ist viel los. Hipster, Familien, Studenten, Enten fütternde Rentner aus der Nachbarschaft – für alle ist Raum. Im **Park** 2 mit seinen Weihern, dem Bach, dem Strand, Spielplätzen, dem baumgesäumten Broadwaypad sowieso. Aber auch in der Backsteinwelt der Kulturfabrik. Ganz neu hier ist **Radio Radio** 1, eine DJ-Bar, in der pro Nacht zwei DJs (Newcomer oder bekannte Größen) ihre Sets spielen und live gestreamt werden können. Längst eine Institution ist dagegen **Het Ketelhuis** 2, das engagierte Art-House-Kino. Im Angebot sind nicht nur beste Filme, sondern auch Kino-Lunch und -Dinner. Für den Absacker danach? Bei **Troost** 3 wird selbst gebrautes Craft Beer und gegenüber in der hippen **Wester Wijnfabriek** 4 Bio-Wein serviert. Lassen Sie sich direkt Wein für daheim einpacken …

Spielplatz für Große

Vor fast jeder Location sonnt sich, sobald sich ein Sonnenstrahl sehen lässt, das Publikum auf der Terrasse, schaut tagsüber den spielenden Kindern und grillenden Vätern und nachts den Party People zu, die auf dem Weg sind zum **Wester Unie** 5, einem der angesagtesten Clubs Amsterdams. Oder zum bodenständigeren **Pacific Parc** 6. Diese Institution

Ü
ÜBRIGENS

Weit über die Stadtgrenzen hinaus ist die Westergasfabriek eine Referenz für gelungene Sanierungsprojekte und hat sich längst als eine der bedeutendsten Kultur- und Kreativstätten der Stadt etabliert. Einst lagen hier weite Polder, bis die Stadt im 19. Jh. endgültig aus allen Nähten zu platzen drohte und Industrie und Arbeitersiedlungen das Stadtbild nachhaltig veränderten.

Biodynamische Weine mit Typenberatung – für jede(n) den passenden Wein gibt's in der Wester Wijnfabriek. Welcher Typ sind Sie?

Cityplan: C/D 1 | Tram 5, Bus 21: Van Hallstraat (Haarlemmerweg), **Nachtbus** 283: Van L. Stirumstraat

INFOS/ÖFFNUNGSZEITEN

Radio Radio 1: Pazzanistraat 3, radio radio.radio, So, Do 16–1, Fr, Sa 16–3 Uhr. Von Musikliebhabern für Musikliebhaber.

Het Ketelhuis 2: Pazzanistraat 4, www.ketelhuis.nl. In drei Filmsälen sehen Sie neue niederländische Filme und Art-House-Kino. In Ketelhuis 4, einem ›Saal‹ für 2 Pers., gibt's für 1 € Kurzfilme. Café.

Brouwerij Troost 3: Pazzanistraat 25–27, www.brouwerijtroostwestergas.nl, Di–Do 16–24/1, Fr 16–3, Sa 12–3, So 12–24 Uhr, Mi ab 20 Uhr Live-Jazz, Sa 16 Uhr Brauereiführung. Gut: der Troost-Gin!

Wester Wijnfabriek 4: Pazzanistraat 10, westerwijnfabriek.nl, Mo–Do 16–24, Fr 16–1, Sa 14–1, So 14–0 Uhr. Aus biodynamischem Weinbau.

Wester Unie 5: Klönneplein 4–6, www.westerunie.nl. Coole Partys und Clubabende in alter Industriehalle.

Pacific Parc 6: Polenceaukade 23, www.pacificparc.nl, Do, Fr, Sa ›Abtanzen‹ ab ca. 23 Uhr, häufig Bands, vorher Restaurantbetrieb.

TonTon Club 7: Polenceaukade 27, tontonclub.nl/west, So–Do 13–1, Fr, Sa 13–3 Uhr. Das Thema Japan daminiert Spiele und Essen. Mit Terrasse.

SCHOKOLADE: 100 % SLAVE-FREE
Nachdem **Tony's Chocolonely** i hier schon ihr Büro hatten, haben sie nun ein paar Türen weiter ihren ersten Store aufgemacht (Polenceaukade 12, s. S. 100).

ist legendär für ihre Tanzabende am Wochenende, dann werden im Restaurant die Stühle hochgestellt – und ab geht's! Spezielleren Interessen widmet sich der **TonTon Club** 7: Hier werden Gamer beim Arcade-Spiel glücklich – dazu gibt's japanische Ramen-Burger und amerikanische Milkshakes.

▶ INFOS

www.westergasfabriek.nl
Lageplan zum Download

→ UM DIE ECKE

Haben Sie Lust auf viel Grün? Die Westergasfabrik ist die ideale Ausgangsbasis dafür. Mit Leihrädern geht es durch den Westerpark und vorbei am **Kinderbauernhof Het Woeste Westen** (www.woestewesten.nl) bis zum **Bauernhofcafé Ons Genoegen** (www.buurtboerderij.nl; Dinner Di–So 18.30 Uhr, 9,50 €, unbedingt reservieren) – eine Idylle mit Hund, Katze, Ziege und Blumen.

›Grüne Lunge‹ Amsterdams – **der Vondelpark**

Lieb und teuer ist den Amsterdamern ihr kostbarstes und größtes innerstädtisches Grün: der Vondelpark, den sie nach einem kompletten Facelifting noch mehr schätzen.

Die Amsterdamer lieben ihn, die Besucher der Stadt auch, denn hier ist nicht nur ein Spaziergang im Grünen und Erholung vom Trubel möglich – der 2 km lange und 48 ha große Vondelpark bildet eine Oase der Ruhe in der hektischen Metropole –, vielmehr stellen Park und nahe Umgebung auch Architektur- und Kunstliebhaber sowie Konsumwillige zufrieden. Hier werden darüber hinaus auch all diejenigen glücklich, die ein wenig Abwechslung und/oder Abenteuer suchen: Jogger, Radfahrer, Inlineskater, Fußballspieler und picknickende Familien unter den alten Weiden.

Größtmögliches Vergnügen – dafür steht der Vondelpark. Egal, ob beim Picknicken, beim frühmorgendlichen Joggen, bei einem Glas kühlen Weißweins auf einer der zahllosen Terrassen oder bei Spiel und Spaß: ›Veel plezier!‹

ÜBRIGENS

Die Idee für einen **Volkspark** war aus zwei taktischen Entscheidungen heraus geboren worden: Zu Tausenden waren die Menschen in der zweiten Hälfte des 19. Jh. in die Stadt gezogen – Arbeitsplätze gab es im Hafen und bei anderen Großprojekten reichlich, aber keine Erholungsgebiete. Und es ging den Stiftern des Parks auch ums Prestige: Von der Anlage versprach man sich den Schulterschluss mit anderen Metropolen, in New York etwa war gerade der Central Park angelegt worden.

Crowdfunding auf Altholländisch

Die Hauptstädter verdanken ihr kostbares Grün reichen Bürgern der Stadt, die den Park 1864 in Auftrag gaben. 80 000 Gulden hatten sie für die Anlage des ersten holländischen Volksparks gesammelt; eine gute Geldanlage, wie sich zeigen sollte. Das imposante **Haupteingangstor** 1 an der Stadhouderskade öffnet sich auf einen großzügig angelegten Landschaftspark im englischen Stil, der seit 1996 denkmalgeschützt ist. Seinen Namen verdankt er Joost van den Vondel (1582–1674), dem ›Shakespeare der Niederlande‹. Baumgruppen (120 verschiedene Arten!) säumen die weiten Rasenflächen und unregelmäßig angelegten Seen, den Rosengarten, die Spielplätze, das Freilichttheater.

Happy hippy days: alles war möglich

Bekanntheit auf internationalem Parkett erlangte der Vondelpark in den späten 1960er- und zu Beginn der 1970er-Jahre. Er war bei den Blumenkindern der Flower-Power-Generation so beliebt, dass hier bis zu 2000 Hippies gleichzeitig campten, im See schwammen, Drogen nahmen und freien Sex hatten. Letzteres ist im Park übrigens seit 2008 offiziell erlaubt – und das ist kein Witz! Allerdings begrenzt auf die Abend- und Nachtstunden … Die Amsterdamer scheint das nicht weiter zu stören, man ist halt tolerant.

Der Vondelpark ist Rückzugsort der Amsterdamer, auch der ›ungekrönten Könige der Stadt‹, der Radfahrer, die hier nicht ganz so rüde unterwegs sind wie sonst. Das gewaltige Grün ist weniger Touristenattraktion denn viel geliebtes Naherholungsgebiet.

Am Ufer des besagten Sees, in dem Baden selbstverständlich nicht erlaubt ist, residiert der **Vondelparkpaviljoen** **2**. In dem stattlichen Renaissancegebäude aus Glas und Eisen (1881) ist seit 2014 der Privatsender AVROTROS mit diversen Radio- und TV-Studios und die für jedermann zugängliche Kitchen & Bar **Vondelpark3** untergebracht – mit einer der schönsten Terrassen der Stadt unter riesigen, Schatten spendenden Bäumen.

Vienna calling!

Der nächstgelegene rechte Parkausgang führt auf die **Vondelkerk** **3** zu, eines der Meisterwerke von P. J. H. Cuypers, dem Architekten von Rijksmuseum und Hauptbahnhof. Die neogotische Kreuzbasilika sollte »in seinem Herzen stets den größten Platz einnehmen«. Den Kirchensaal des 1880 erbauten prachtvollen gotischen Gotteshauses kann man seit einigen Jahren mieten. Hier finden in festlichem Rahmen auch standesamtliche Trauungen statt. Die übrigen Räumlichkeiten werden seit Jahrzehnten als Büros genutzt – Gottesdienst findet nicht mehr statt. Cuypers' Kirche ist ein weiteres Beispiel für den Pragmatismus der Amsterdamer: lieber anders nutzen als abreißen.

In einem Oval führt die Vondelstraat um die gleichnamige Kirche. In der Nummer 140 liegt eines der bestgehüteten Geheimnisse Amsterdams: **De Hollandsche Manege** **4**. Hinter dem monumentalen Eingangsportal verbirgt sich die älteste Reitschule Amsterdams, die 2012 ihr 130-jähriges Bestehen feierte, und seither als ›Lebendes Pferdemuseum‹ für Besucher zugänglich ist. Die Manege ist nach dem Vorbild der Spanischen Hofreitschule in Wien gebaut. Eine weit geschwungene Treppe führt zum ehemaligen Orchesterbalkon hinauf, von dem man sowohl die Zwei- und Vierbeiner als auch das elegante Metalldach im Blick hat.

Film ab!

Der Vondelstraat 164 gegenüber liegt schon der nächste Parkeingang. Geradeaus führt der Weg direkt auf die eiserne Brücke mit dem schmiedeeisernen Geländer zu. Dahinter rechts halten – und **Musikpavillon** **5** und **'t Blauwe Theehuis** **1** bauen sich vor einem auf. Der als Reichsmonument geschützte Teepavillon, eine der schöneren Hinterlassenschaften der Funktionalisten, beherbergt seit

Ü **ÜBRIGENS**

Noch eine nette Begebenheit am Rande: Die niederländische Fluggesellschaft KLM warb in den 1970er-Jahren mit dem Slogan: »Fly KLM, sleep in the Vondelpark« für Flüge nach Amsterdam. Heute würde das wohl zu einem Shitstorm vonseiten der Hoteliers führen.

Oranje boven – Orange ist Pflicht am Königstag.

Lust auf Inlineskaten?
Beim **Friday Night Skate** sind Sie in guter Gesellschaft: An fast jedem Freitag um Viertel nach acht Uhr abends treffen sich Hunderte Skater am Vondelparkpavillon und begeben sich auf eine rund 20 km lange Tour durch Park und Stadt. Der Ehrgeiz der Veranstalter ist es, jedes Mal eine neue Route auszutüfteln. Sie sollten für diese Tour allerdings wirklich fit sein. Wer nicht bremsen kann, wird heimgeschickt. ›Flying Nurses‹ versorgen unterwegs kleinere Blessuren, ›Blokker‹ sichern den Weg. Skates ausleihen können Sie beim Skate Dokter (www.fridaynightskate.com, www.skatedokter.nl).

2019 ein zweites *proeflokaal* der Brouwerij 't IJ (s. S. 107) mit stets gut besuchtem Biergarten für bis zu 700 Gäste. Rechts, hinter dem Musikpavillon, ragt das **Podium** 6 in die Luft. Dieses Freilichttheater ist im Sommer *die* Attraktion im Park – und das seit fast 40 Jahren. Dann finden während des ›Vondelpark Openluchttheater‹ zahlreiche kostenlose Veranstaltungen statt: Konzerte, Theater, Tanz, Kabarett und Kinder-Amüsement. Und alle Amsterdamer scheinen sich verabredet zu haben, wenn im Rahmen des Open Air die Kinoleinwand entrollt wird. Also möglichst frühzeitig kommen, einen warmen Pulli oder eine leichte Decke einpacken, für Getränke und Popcorn ist gesorgt.

Ein Rohdiamant ...

… in der alternativen Kulturlandschaft ist der **Vondelbunker** ⚓, der sich unter der Brücke versteckt, über die die Tram hinwegdonnert. Ein Atomschutzbunker, der 2011 wiederentdeckt und als kultureller Hotspot wiederbelebt wurde – in bester Tradition: 1968 hatte hier Pink Floyd spontan ein Konzert gegeben. Und auch heute ist der Vondelbunker wieder ein Garant für spannende Abende.

Noch nicht mal ein Interrailticket braucht in Amsterdam, wer sieben Länder in sieben Minuten bereisen möchte – in der Roemer Visscherstraat 20 bis 30 a ist das möglich. Jedes der sieben nebeneinander aufgereihten Häuser repräsentiert ein anderes europäisches Land und einen typischen Baustil. Die **Zevenlandenhuizen** 7 entstanden 1894 im Auftrag des Philanthropen Sam van Eeghen: das deutsche Romantikhaus, das französische Mini-Loire-Schloss, die spanisch-maurische Villa, der italienische Palazzo, das an eine russische Kathedrale zur Zeit Iwans des Schrecklichen erinnernde Gebäude, das holländische Renaissance-Wohnhaus, das englische Cottage. Spazieren Sie durch Europas Architekturlandschaft.

→ **UM DIE ECKE**

Der südöstliche Parkausgang führt direkt auf die **P. C. Hooftstraat** 🔒 zu. Diese Straße und ihre Nachbarsträßchen kennen zumindest die reicheren Amsterdamer: Sie ist die exklusivste und teuerste Einkaufsgegend der Stadt mit viel Haute Couture. Kaufrausch auf höchstem Niveau ist hier garantiert.

INFOS/ÖFFNUNGSZEITEN

De Hollandsche Manege/Levend Paardenmuseum 4 : Vondelstraat 140, levendpaardenmuseum.nl/?lang=en, tgl. 10–17 Uhr, 8 €

Podium / Openluchttheater 6 : www.openluchttheater.nl, Mai–Sept. Fr–Sa, kostenloses Open-Air-Festival, Sa Kinderprogramm; Platzreservierung 5 €

IM GRÜNEN SPEISEN

Vondelpark3 2 : Vondelpark 3, www.vondelpark3.nl/en, tgl. 10–23 Uhr, Hauptgerichte 18,50–25,50 €. Der schönste Blick auf den Park ist von der Terrasse sicher; gut für einen Kaffee oder Drink.

't Blauwe Theehuis 1 : Vondelpark 5, www.blauwetheehuis.nl, tgl. ab 10 Uhr, im Sommer länger geöffnet. Biere aus der eigenen Brauerei 't IJ (s. S. 107), Snacks (ab 3 €), Kuchen (ab 4 €) und kleine Mahlzeiten (ab 7 €); Abendkarte geplant. Besonders kinderfreundlich ist **Het Groot Melkhuis** 2 (Vondelpark 2, am Eingang Van Eeghenstraat, grootmelkhuis.nl/en, Di–So 10–17 Uhr, Snacks ab 4 €, div. Hamburger 8,50 €) mit großem Spielplatz und Sandkasten

für die Kleinen sowie Terrasse am Wasser und offenem Kamin im Grand Café für die Großen. Schön (nicht nur!) für Familien ist auch das nette Lokal **De Vondeltuin** 3 (Vondelpark 7, am Eingang Amstelveenseweg, www.vondeltuin.nl, tgl. 10–max. 24 Uhr, Snacks ab 3 €, Lunch-/Dinnerkarte, 7–14 € bzw. 9,50–16,50 €). In entspannter Atmosphäre können die Eltern drinnen oder auf der großen Terrasse relaxen, während die Kleinen auf dem benachbarten Spielplatz ihren Spaß haben. Nicht im Park, aber ganz in der Nähe liegt das marokkanische Restaurant **Paloma Blanca** 4 (Jan Pieter Heyestraat 145, T 020 612 64 85, www.palomablanca.nl, Di–So 18–22 Uhr, 17–19 €). Wer die traditionelle marokkanische Küche schätzt, ist hier richtig. Leckere Harira.

UNGEWÖHNLICHE LOCATION

Im **Vondelbunker** spielen regelmäßig Bands, es werden Ausstellungen organisiert, man braut eigenes Bier. Konzerte etc. sind gratis, der gesamte Laden wird von Freiwilligen organisiert. Donnerstags ab 23 Uhr Bar-Abend in der Kontra:Bar (Vondelpark 8a, vondelbunker.nl).

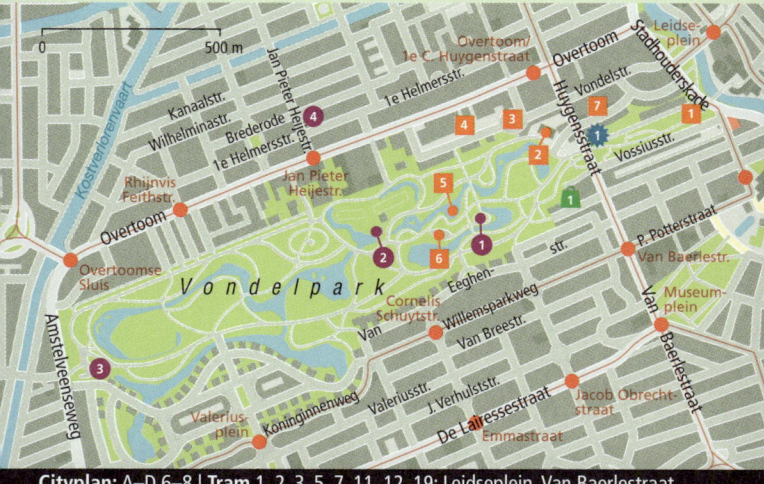

Cityplan: A–D 6–8 | **Tram** 1, 2, 3, 5, 7, 11, 12, 19: Leidseplein, Van Baerlestraat, 1e Constantijn Huygenstraat

Kultureller Herzschlag
– der Museumplein

›Platz der Plätze‹ nennen die Amsterdamer ihn gerne, den größten Platz der Stadt. Einer der Anziehungspunkte für Kunstliebhaber ist der weitläufige Museumplein allemal. Namedropping ist hier kein Problem: Rijksmuseum, Van Gogh Museum, Stedelijk Museum und die bedeutendste Konzerthalle der Stadt, das Concertgebouw, verleihen dem Platz weltstädtisches Flair.

Das holländische Pendant zum New Yorker MOMA, das Stedelijk Museum, besticht nicht nur mit seiner Ausnahme-Sammlung moderner und zeitgenössischer Kunst, sondern auch mit spektakulärer Architektur – die ihm postwendend den Spitznamen ›Badewanne‹ bescherte.

1999 präsentierte der schwedische Landschaftsarchitekt Sven-Ingvar Andersson den nach seinen Plänen neu gestalteten Museumsplatz. Sein Entwurf wurde viel gelobt, aber auch heftig kritisiert.

Millionen-Facelifting

Die Renovierung des Platzes und der Bau von Tiefgarage und Supermarkt unter der Erdoberfläche verschlang Millionen. Das Ergebnis – eine weite,

recht kahle Fläche mit einigen Bänken, einer Skate-
bahn, zwei Pavillons und einem Teich – überzeugt
nicht wirklich, wirkt immer noch nüchtern und kühl.
Als gelungen kann man den mit Gras bepflanzten
und bei Sonne ausgiebig als Ruhe- und Picknick-
platz genutzten Hügel im Südwesten über dem Supermarkt bezeichnen, das sogenannte **Eselsohr** **1**.

Nationale Visitenkarte

Seither gab es immer wieder neue Pläne zur Ver-
schönerung des Platzes: Der Museumplein soll offener Raum bleiben, aber mehr Flair ausstrahlen.
Und er muss im Jahr knapp 6 Mio. Menschen auf-
nehmen – fast doppelt so viele wie noch vor sieben
Jahren. Die Verlegung der Eingänge von Stedelijk,
Van Gogh und Rijksmuseum zum Platz hin kann
als großes Plus gewertet werden. Die Museumsbe-
sucher orientieren sich so mehr zum Museumplein
hin als bisher. Das Rijksmuseum hat seinen Garten
geöffnet, ein Kleinod, der auf den Platz mündet.
Viele kleine Schritte sind bereits getan, doch der
ganz große Wurf fehlt noch, scheint's.

Der Museumplein soll eine nationale Visitenkarte
sein, die Stadtväter scheuen den Vergleich mit dem
Wiener Museumsquartier oder der Berliner Muse-
umsinsel nicht – doch bis dahin ist noch ein gutes
Stück Weg zurückzulegen.

Museum der Superlative

Mitverantwortlich für das Ansteigen der Be-
sucherzahlen auf dem Platz ist seit April 2013
auch das **Rijksmuseum** **2**. Seit der Neueröffnung
kommen pro Jahr gut 2 Mio. Menschen. Seinen
Weltruf verdankt das Museum vor allem seinem
Herzstück, den Sammlungen aus dem Goldenen
Jahrhundert mit seinem bekanntesten Schatz, der
»Nachtwache« Rembrandts (1642). Dieses Meisterwerk ist das einzige Bild, das nach der mehr als
zehn Jahre währenden und mehr als 375 Mio. €
verschlingenden Umgestaltung durch das Archi-
tektenduo Cruz y Ortiz an seinem angestammten
Platz hängen bleiben durfte.

In mehr als 80 Sälen hängen mehr als 8000
Kunstwerke und der Besucher wäre mehr als
1,5 km unterwegs, wollte er sie alle sehen. Spannend ist das neue Konzept des Museums: Kunst
und Geschichte der Niederlande von 1200 bis
heute werden nämlich nicht mehr getrennt von-

ÜBRIGENS

Schauen Sie sich Rem-
brandts »Nachtwache«
mal genau an. Bemerken
Sie etwas? Nein, nicht
die kleine Frau, wohl eine
Marketenderin, die die
Gesichtszüge seiner Frau
Saskia trägt. Sehen Sie
sich mal den Trommler
rechts an. Fällt Ihnen
etwas auf? Genau, er ist
in der Mitte durchge-
schnitten. Warum? Nun,
im Jahr 1715 wurde das
gewichtige Gemälde
(170 kg schwer!) vom
Festsaal der Schützengilde
ins Rathaus umgehängt,
war aber zu groß für die
Wand. Das heute 4,54 m
breite und 3,79 m hohe
Meisterwerk wurde
kurzerhand beschnitten:
23 cm in der Höhe und
56 cm in der Breite. Und
der Trommler hatte es
auszubaden …

▶ LESESTOFF

Die in Amsterdam lebende New Yorkerin Nina Siegal beschreibt in ihrem Roman **The Anatomy Lesson** (2014) einen Tag im Jahr 1632, der entscheidend für das Entstehen des ersten Meisterwerks des gerade erst 26-jährigen Rembrandt gewesen sein soll. Sie gewährt einen Blick in eine Welt der Intrigen im Goldenen Jahrhundert der Niederlande. Rembrandts Gemälde, »Die Anatomie des Dr. Tulp«, entstand übrigens im Theatrum Anatomicum in der Waag (▶ S. 29).

Von Anfang an in die Vollen: Das MOCO zeigt Hochkarätiges zur Eröffnung des Museums – Banksy lässt grüßen.

einander ausgestellt, sondern sind in einen Zusammenhang gestellt zu sehen.

Geniestreich

Das zweite hochkarätige Museum am Platz ist das **Van Gogh Museum** **3**, das in einem nüchternen Betonblock (1973), einem Entwurf des De-Stijl-Mitglieds Gerrit Rietveld, untergebracht ist, der im Inneren durch seine Helligkeit überrascht. Ergänzend kamen 1999 der ovale Museumsflügel und 2015 der neue gläserne Eingangsbereich des Japaners Kisho Kurokawa hinzu. Hinter den Mauern des Museums verbirgt sich die größte Van-Gogh-Sammlung der Welt mit mehr als 200 Gemälden und fast 500 Zeichnungen aus der holländischen und der französischen Schaffensperiode sowie 700 Briefen des Malers.

Kunst in der ›Badewanne‹

Der gewichtige Dritte im Bunde am Museumsplatz ist das **Stedelijk Museum** **4** – der modernen Kunst ab Mitte des 19. Jh. verpflichtet und eines der berühmtesten Museen Europas. Seine Sammlungen umfassen Malerei und Bildhauerei, Fotografie, Gebrauchsdesign und Videotechnik. Neben Klassikern des 19. und 20. Jh. wie Van Gogh, Renoir, Monet, Macke, Mondriaan, Matisse, Picasso, De Kooning, Warhol oder Jeff Koons sind besonders Werke der Gruppe Cobra, De Stijl und des russischen Konstruktivisten Malewitsch umfangreich vertreten.

Fast anachronistisch erscheint die Unterbringung der modernen Sammlung in einem Neorenaissancegebäude von A. W. Weissman (1895) – ein gewollter Bruch. Dringend erforderliche Umbauten und ein spektakuläres Neubauprojekt mit 8000 m² Ausstellungsfläche und einem transparenten Eingang zum Museumplein hin führten zur Schließung des Museums, das 2012 endlich seine Pforten wieder öffnete. Den Neubau haben die Amsterdamer direkt ›Badewanne‹ tituliert – dem Besucherandrang hat es nicht geschadet: Egal, wie man das neue Gebäude von außen finden mag, innen ist die Verbindung von Alt und Neu hervorragend gelungen und die Ausstellungen sind top!

Rockstars der Kunst

Klein und fein kommt ein neuer ›Kollege‹ daher, das **MOCO** **5**, was für Modern Contemporary

Museum steht. Es ist in die Jugendstilvilla Alsberg direkt am Museumplein eingezogen und hat den Großen am Platz mit einem Paukenschlag gezeigt, dass mit ihm zu rechnen ist: Zur Eröffnung im April 2016 gab's die ›Schwergewichte‹ Banksy und Warhol zu sehen. Schwierig, nun noch nachzulegen.

Wer hat Angst vor Johannes Brahms?

Quer über den Museumplein läuft man auf das 1883–86 im historisierenden Stil errichtete **Concertgebouw** 6 mit neuem, spannendem Glasfoyer zu. Der Große Saal gilt als einer der besten Konzertsäle der Welt, und auch das Haus- und Hoforchester, das Koninklijk Concertgebouworkest, genießt Weltruf. Zu verdanken haben die Amsterdamer ihr weltberühmtes Konzerthaus übrigens einem Deutschen: Johannes Brahms hatte sich angeblich über die schlechte Akustik der Konzertsäle in der Stadt mokiert – das Concertgebouw war die Antwort darauf.

ÜBRIGENS

Längst eine Institution ist der **Van Gogh Museum Vrijdagavond:** Die Eingangshalle des Museums verwandelt sich an jedem letzten Freitagabend des Monats in ein Podium für DJs, Klangkünstler, Livemusik, Videoprojektionen etc. (mit Barbetrieb) – **Vincent op Vrijdag** sei dank!

INFOS/ÖFFNUNGSZEITEN

Rijksmuseum 2: Museumstraat 1, www.rijksmuseum.nl, tgl. 9–17 Uhr, 17,50 €
Van Gogh Museum 3: Museumplein 6, www.vangoghmuseum.nl, Sa–Do 9–18, Fr–21 Uhr, 17 €, Tickets nur online!
Stedelijk Museum 4: Museumplein 10, www.stedelijk.nl, Sa–Do 10–18, Fr 10–22 Uhr, 17,50 €
MOCO 5: Honthorststraat 20, www.mocomuseum.com, Juli–Anfang Nov. Sa–Do 9–19, Fr, Sa 9–20/21, Nov.–März tgl. 10–18, März–Juni So–Do 10–18, Fr, Sa 10–19 Uhr, 13,50 €, online 12 €
Concertgebouw 6: Concertgebouwplein 10, www.concertgebouw.nl

ESSGENUSS VOR DEM KONZERTGENUSS

In einer alten Feuerwache ist **Solo eten & drinken** 1 (Van Baerlestraat 35–37, www.soloetenendrinken.nl, Mi–Sa ab 17.30, So ab 12 Uhr, Hauptgerichte 16–24 €) gegenüber dem Konzerthaus untergebracht. Hier kehren viele Konzert-

gänger ein und lassen sich die klassischen Bistrogerichte schmecken – ohne viel Schnickschnack, aber stets gut, z. B. Thunfisch, Muscheln, Lammrücken, Steak. Klein & gemütlich ist es bei **Renzo's Delicatessen** 2 – und lecker! Tagesfrische italienische Delikatessen, auch take-away (Van Baerlestraat 67, www.renzos.nl, Mo–Fr 9–21, Sa, So 10–21 Uhr, belegte Brötchen ab 7 €, Hauptgerichte um 10 €).

13

Multikulti und Markttreiben – **in De Pijp**

180 verschiedene Nationen haben in Amsterdam Fuß gefasst – mehr als in jeder anderen Stadt der Welt. Den meisten von ihnen werden Sie auf den Straßen De Pijps begegnen. In dem ehemaligen Arbeiterviertel leben unterschiedlichste Menschen auf engstem Raum zusammen: Holländer mit marokkanischer, türkischer und surinamischer Herkunft, Künstler, Studenten und (noch) Alteingesessene.

Wo Backstein-Träume wahr werden: Am Sarphatipark wohnen vor allem junge Familien. Viele Alteingesessene können sich die Mieten im ehemaligen Kleine-Leute-und-Arbeiterviertel De Pijp nicht mehr leisten.

Diese Vielfalt spiegelt sich überall im Viertel wider, in den Cafés und Restaurants mit exotischen Speisen, in den Läden mit der üppigen Vielfalt – indonesische Gewürze, chinesische Haushaltswaren und indische Stoffe liegen neben holländischem Käse – und auch im Angebot des berühmtesten Straßenmarktes der Stadt, dem Albert Cuypmarkt.

Visitenkarte sozialen Wohnungsbaus

Los geht's im ruhigen Teil De Pijps, wo es zwischen Amstelkanaal und Tellegenstraat architektonisch spannend wird. Verspielt und überbordend kommen die Wohnblocks des Plan Zuid daher. Hinter diesem Plan steckte nicht nur eine Architekturströmung, die Amsterdamer Schule (▶ S. 82), sondern eine umfassende Stadtplanungsphilosophie, die das Recht von Arbeiterfamilien auf ein schönes Wohnumfeld in den Mittelpunkt ihrer Überlegungen stellte. Die Höhepunkte des Plan Zuid, der auf H. P. Berlage zurückgeht, liegen an Tak- und Burgem. Tellegenstraat, allen voran das Flaggschiff **De Dageraad 1** (›Die Morgendämmerung‹) mit seinen auffallend gewellten Türmen und Fassaden.

Schöner wohnen in De Pijp

Ganz anders die Architektur in der Diamantstraat: Die niedrigen Puppenhäuschen entstanden Ende des 19. Jh. in aller Eile für die Arbeiter der **Diamantslijperij I. J. Asscher 2**. In dieser Diamantschleiferei wurde der größte Diamant der Welt, der Cullinan, geschliffen. Geld war also vorhanden, doch für die Arbeiter wurde es nicht ausgegeben. Heute sind die Häuschen allerdings beliebte Wohngegend.

Die mit Bäumen bestandene Hemonylaan gehört zur **Hemonybuurt 3**, der besseren Gegend von De Pijp, wie die reich verzierten Hausgiebel variantenreich verraten. Am **Amsteldijk 4** setzt sich dieser Eindruck fort; schon um 1500 standen hier die Herbergen und Landhäuser der reichen Amsterdamer. Im Laufe des 19. Jh. machten sie architektonisch sehr abwechslungsreich gestalteten Herrenhäusern Platz. Die Amstel gab der Stadt einst ihren Namen und belohnt die Einwohner dafür noch heute mit wunderschönen Eckchen.

Fliegender Wechsel?

Über die breite Ceintuurbahn (Ringbahn) und vorbei am auffälligen **Huis met de Kabouters 5** (Nr. 251–253), auf dessen Giebel *kabouter,* also Zwerge, Engel und Adler sitzen, geht es zum **Sarphatipark 6**, den Philanthrop Samuel Sarphati 1881 im englischen Landschaftsstil anlegen ließ. Die Ecke ist beliebt, besonders bei jungen hippen Familien – die Gentrifizierung ist hier in vollem Gange, die Mieten sind in den letzten 15 Jahren um mehr als 350 % gestiegen. Die Straßenzüge rund um den

ÜBRIGENS

Haben Sie Lust auf einen unverstellten, direkten Blick auf das Viertel? Und Hunger auf mehr? Wobei Letzteres durchaus wörtlich zu nehmen ist. Denn drei oder mehr Stunden führen Esther oder Zosia Sie von einem Marktstand zum nächsten Café und weiter zum nächsten Restaurant und in die Kneipen des Viertels. Eine ganz schön magenfüllende Sache! Mit den **Hungry Birds** geht es entweder per Bike oder zu Fuß durchs Viertel. Probieren Sie surinamische Brötchen, Fast Food ›aus der Wand‹, Biojoghurt, *Stroop*-Waffeln, *nieuwe haring* oder Großmutter Mugs indonesische Lieblingssuppe. Den Absacker zum Schluss haben Sie sich verdient (www.hungrybirds.nl)!

De Dageraad `1`: Burgem. Tellegenstr. 128, www.hetschip.nl, Do–So 11–17, 12–16 Uhr stdl. Führungen, 7,50 € (anmelden über www.hetschip.nl/tickets). Der Besuch der kleinen Ausstellung »Plan Zuid« ist kostenlos. Mit Coffee Corner.

KÜCHEN DER WELT

Hier ist zuerst der **Albert Cuypmarkt** zu nennen (Mo–Sa 9–17 Uhr). Leckere Saoto-Suppe, *baka bana*, Rotis oder Saté gibt's im surinamisch-javanischen **Warung Swietie Lelydorp** `1` (1e Sweelinckstraat 1, warungswietielelydorp. nl, 3–13,50 €, Mo–Sa 11–20 Uhr), ausgezeichnete italienische Gerichte im schnörkellosen **Pekelhaaring** `2` (Van Woustraat 127–129, pekelhaaring.nl, tgl. 10–24 Uhr, Pasta ab 11,50 €, Hauptgerichte ab 13,50 €), gute nordafrikanische Küche in der gewaltigen Atmosphäre einer Ex-Kirche, **De Bazar** `3` (Albert Cuypstraat 182, www.bazaramsterdam. nl, tgl. 10–24 Uhr, Hauptgerichte ab 10 €), Hummus zum Abheben bei **Sir Hummus** `4`, einer charmanten Hummusiya (Van der Helstplein 2, sirhummus.nl, Mi–So 12–21 Uhr, ab 7 €), und Mittelmeerküche im **Duble** `5` (Ceintuurbaan 246, duble.amsterdam, Mi–So 17–24 Uhr, Tapas ab 6 €, Hauptgerichte 14–21 €).

Cityplan: E–G 7/8 | **Tram** 4: Amstelkade, **Tram 12**: Victorieplein

Kopf in den Nacken und am Stück in den Mund – so wird der ›Hollandse Nieuwe‹ gegessen, der noch junge Hering. Er ist auch auf dem Albert Cuypmarkt eine beliebte Delikatesse.

Park weisen eine solide, reich verzierte Bebauung auf, zahlreiche Cafés mit gut besuchten Terrassen rahmen das Grün ein, es wird gegessen, gelacht und geplaudert. Schon Piet Mondriaan zog es hierher, er lebte und arbeitete für ein paar Jahre an der Südseite des Parks.

Es darf gerne etwas greller sein

Der belebte, beliebte Park und seine bunte Umgebung stimmen schon ein wenig auf das Highlight des Viertels, den trubeligen **Albert Cuypmarkt** – mit 260 Ständen der größte und bunteste Gemischtwarenmarkt Hollands, auch als ›Bauch von Amsterdam‹ bekannt. Hier finden Sie nicht nur ein riesiges Warenangebot – Obst, Gemüse, Fisch, Käse, Blumen, Kleidung, Stoffe, Strumpfhosen, Uhren und viel herrlichen Ramsch –, Sie riechen auch die exotischsten Gerüche, sehen die buntesten Stoffe und treffen auf die unterschiedlichsten Menschen. 150 unterschiedliche Nationen leben hier auf engstem Raum zusammen – was alles in allem als gelungen bezeichnet werden kann.

Künstliche Inseln –
Nieuwe Oostelijke Eilanden

London hat die Docklands, Hamburg die Hafencity und Amsterdam die Neuen Östlichen Inseln. Unter großem Medienecho entstanden auf den Kaianlagen des alten Hafens die Inseln Java, KNMS, Sporenburg und Borneo – doch damit nicht genug, etwas weiter östlich werden in einer gewaltigen Kraftanstrengung gerade gleich sieben Inseln aus dem Wasser ›gehoben‹.

Aus Wasser Land gewinnen – das zieht sich wie ein roter Faden durch die Geschichte der Niederlande. Die Holländer gelten nicht umsonst als die Meister des Deichbaus und die Deltawerke im Süden des Landes als Jahrhundertprojekt: Ohne Deiche und Dämme lägen heute zwei Drittel der holländischen Landfläche unter Wasser.

›Anaconda‹ oder ›Python‹ wird die rote Fußgängerbrücke genannt, die die beiden Inseln Sporenburg und Borneo verbindet und den Foodbridge Award gewann. Den Jungendlichen ist es gleich – sie nutzen den Eyecatcher als Sprungturm.

ÜBRIGENS

Panama, Argentinien, Brasilien – die Namen der restaurierten Speicher an der Veemkade verweisen auf eine glorreiche Vergangenheit, als hier noch Kaffee, Tee oder Gewürze lagerten. Von diesem Kai starteten in den 1920er-Jahren aber auch die Ärmsten der Armen, die, von Hunger, Not und Elend getrieben, eine Schiffspassage nach Südamerika gebucht hatten. Bevor die Emigranten an Bord durften, waren sie im heutigen **Lloyd Hotel** **1** zu einer mehrtägigen Zwangspause verdonnert: Sie mussten sich duschen und desinfizieren lassen. Wer sich nur eine Zwischendeckpassage leisten konnte, war schlecht dran: Ratten, kaum Licht, schlechte Luft. Und ärztliche Betreuung gab es selbstverständlich nur für Erste-Klasse-Passagiere.

Anker im IJ

Ende der 1970er-Jahre verschwanden die großen Containerschiffe aus dem Osthafen gen West-Amsterdam; zurück blieben alte Kaianlagen und verlassene Lagerhäuser – sehr zur Freude der Hausbesetzerszene und der Party People. Anfang der 1990er-Jahre entdeckten die Stadtväter – wie in vielen anderen Städten auch – das atmosphärische Potenzial der ehemaligen Hafenanlagen und initiierten ein neues Stadtplanungskonzept, das in einem ersten Schritt den Osten Amsterdams, letztlich aber alle Gebiete links und rechts des IJ betreffen sollte und an dem bis heute gewerkelt wird. Die städtebaulichen Aktivitäten am IJ prägen ein vollkommen neues Bild von Amsterdam, und das IJ trennt nicht mehr, was eigentlich zusammengehört, sondern verbindet beide Seiten miteinander.

Los geht's mit dem Oosterdokseiland, das getrost auch den Namen ›Musikinsel‹ tragen könnte, denn mit **Conservatorium** **1**, **Muziekgebouw aan't IJ** **2** und **Bimhuis** **3** liegen hier gleich drei Schwergewichte der Amsterdamer Musikszene. Gegenüber von meist gelungen restaurierten Lagerhäusern wie der Kulturoase **Pakhuis de Zwijger** **4** mit nettem Café liegen Java- und KNMS-Eiland, Sporenburg und Borneo-Eiland. Die vier künstlichen Inseln sind Teil der ›Anker in het IJ‹, des Masterplans des holländischen Architekten und Städteplaners Jo Coenen zur Gestaltung der IJ-Ufer. Patiohäuser, niedrige Blockbebauung, individuelle Reihenhäuser und gewagte Monumentalbauten wechseln sich hier ab.

Inselfeeling

Zu den Superkomplexen zählen etwa der **Piraeus-Block** **2**, das **Barcelonahuis** **3** und der **Walfisch** **4**, Grachtenarchitektur des 21. Jh. indes trifft man auf Java- und Borneo-Eiland. Zwei knallrote Fußgänger- und Radfahrerbrücken führen nach Borneo hinüber, jedes für sich ein Kunstwerk mit asymmetrisch schwingenden Bögen und wogenden Geländern. Auf der südlichsten Insel entstanden aufgelockerte Häuserriegel mit ganz unterschiedlichen, intimen Reihenhäuschen, die, so schmal sie auch sein mögen, alle eine Dachterrasse und einen grünen Innenpatio besitzen. Besonders sticht auf Borneo die **Scheepstimmermanstraat** **5** hervor: Privatleute durften ihre Häuschen hier nahezu eigenständig gestalten. Fast jeder hier hat sein eigenes Bötchen vor der Haustür liegen, steigt quasi vom Wohnzimmer aufs Wasser um. Die Kinder schwimmen in den Grachten und nutzen die Brücken als Sprungturm, die Eltern parken das E-Auto vor der Haustür und grillen zusammen mit den Nachbarn – eine Idylle.

Noch etwas weiter östlich, in IJburg, sind bislang drei Inseln aus dem IJmeer gestampft bzw. aufgespült worden, an der vierten arbeitet man, sieben sollen es werden. In mehr oder minder spannender Architektur leben hier vor allem Familien, mit viel blauem Wasser vor der Haustür. Besonders gelungen sind die schwimmenden Häuser in der **Waterbuurt** 6 auf Steigereiland – je nach Wasserstand geraten die Möbel schon mal in Schräglage …

Auf Wasser gebaut: Häuser in IJburg

INFOS/ÖFFNUNGSZEITEN

Conservatorium 🚊1: Oosterdokskade 151, www.conservatoriumvanamsterdam.nl/en, oft Gratiskonzerte
Muziekgebouw aan't IJ 🚊2: Piet Heinkade 1, www.muziekgebouw.nl
Bimhuis 🚊3: Piet Heinkade 3, bimhuis.nl
Pakhuis de Zwijger 🚊4: Piet Heinkade 179, dezwijger.nl, mit Eetcafé

INSEL-KÜCHE

Einfache, leckere Gerichte gibt's bei **Kanis & Meiland** ❶ (Levantkade 127, kanisenmeiland.nl, Mo–Fr 9.30–1, Sa, So 10–24/1 Uhr, Snacks 5/6 €). Wer mag, kann vom Steg ins Wasser hopsen. Ausgezeichnete Pizza serviert **Bloem** ❷ auf IJburg (IJburglaan 1289, www.bloemopijburg.nl, Di–So 17.30–22 Uhr, 10–15 €).

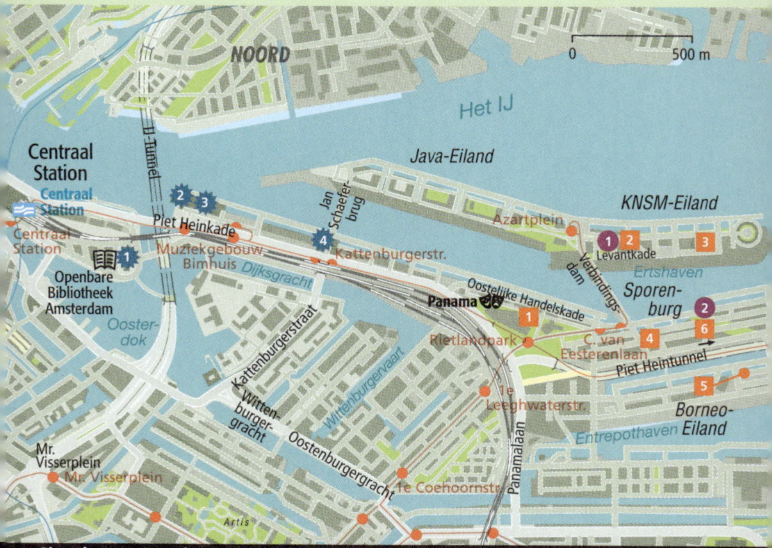

Cityplan: Karte 3 | Tram 26: Muziekgebouw; ab Halt Rietlandpark bis Steigereiland

15

Ein Viertel erfindet sich neu – **Noord**

Bitte einsteigen! Mit der Fähre geht es rüber auf die andere Seite des IJ. In wenigen Minuten ist das Filmmuseum EYE erreicht. Die Architekturikone markiert den Startschuss für das lange vernachlässigte ehemalige Arbeiterviertel Noord. Dabei müssten Sie eigentlich auf eine andere Fähre wechseln, um zur etwas weiter entfernt gelegenen NDSM-Werft überzusetzen. Denn hier nahm alles seinen Anfang.

▶ INFOS

www.ndsm.nl/en
maps.gvb.nl/en/lijnen

Einen 360-Grad-Ausblick verspricht die Aussichtsplattform des A'DAM.

Doch erst mal zur Ikonenarchitektur: Hinter dem Hauptbahnhof setzt die Buiksloterweg-Fähre über auf die andere Seite, die ›schäl Sick‹ Amsterdams. Fahrradbremsen quietschen, die Scooterfahrer drehen ungeduldig noch mal auf, Möwen kreischen – ahoi! Ziel ist Amsterdam-Noord. Hier wohnten Angestellte der Shell, Werft- und Hafenarbeiter.

The times they are a changin'

In Noord wohnte man, weil es billig war. Der ›echte‹ Amsterdamer fuhr nur sonntags übers IJ, um am idyllischen Noordhollandkanaal spazierenzugehen, ins Café De Pont einzukehren und die nächste Fähre zurück zu nehmen. Heute schätzt sich glücklich, wer länger bleiben oder gar hier wohnen darf.

Auf der anderen Seite wartet eine ›hockende Kröte‹. Andere wiederum halten das neue **Filmmuseum EYE** `1`, ein Werk der Österreicher Delugan Meissl, für ein landendes Ufo. Sie sehen schon, die Amsterdamer lieben Spitznamen. Oder ist es doch Ikonenarchitektur? Wie auch immer: Das Museum war die erste bedeutende Kulturinstitution, die den Sprung über das IJ wagte. Und das ist gut so, denn von ihm ging ein Sogeffekt aus. Das beweisen nicht nur zahlreiche Neubausiedlungen, sondern auch der in der ehemaligen Shell-Betriebskantine untergebrachte **Tolhuistuin** ✷ nebst Zollhausgarten, eine Kulturoase mit viel Gartenpartyflair, und der **A'DAM Toren** ✷, ein hipper Newcomer in der Amsterdamer Kultur- und Partylandschaft.

Open 25 hours a day, 8 days a week

Mit A'DAM, wie die Amsterdamer den ehemaligen Shell-Verwaltungsturm liebevoll nennen, hat eine neue Phase in Noord begonnen – es ist nicht mehr nur hip, sondern noch hipper. Auf Nachteulen wartet eine neue Spielwiese mit 24-Stunden-Konzession: Neben Ateliers, Büros und Musikstudios beherbergt der Kulturturm auf 22 Stockwerken mehrere Clubs, Restaurants, ein Hotel. Höhepunkte sind Skybar, Drehrestaurant und die Aussichtsplattform mit der Riesenschaukel. Trauen Sie sich? Der Ausblick ist wahnsinnig. Wer auf den knapp 100 m hohen Turm rauf will, muss 14 Euro zahlen – auch das ein Indiz für den Wandel in Noord. Gentrifizierung ist hier längst im Alltag angekommen.

Ich drucke mir ein Grachtenhaus

Das Schöne in Noord aber ist, dass um die nächste Ecke immer ein Kontrastprogramm wartet. Sei es im **Café de Pont** `1` direkt am Fähranleger, das gefühlt schon immer da war und *echt gezellig,* also urgemütlich, ist und mit einer fragwürdigen Attraktion aufwarten kann: Wenn die Kreuzfahrtschiffe über das IJ einlaufen, füllen sie die gesamte Fensterfront und Sie sitzen wirklich in der ersten Reihe.

Ü ÜBRIGENS

Lust auf Altholland? Dann rauf aufs Rad und ab ins 17., das Goldene Jahrhundert der Niederlande! Am Kanal entlang und über Dämme und Deiche geht es ins **Waterland,** eine ländliche Region, die sich in den letzten 400 Jahren kaum verändert hat: Die 15 km lange rote Radroute führt durch die Gartenstadt Nieuwendam und weiter zu kleinen Dörfern am Deich der ehemaligen Zuiderzee mit dem Höhepunkt **Durgerdam,** das jedem Postkartenklischee entspricht. Hier bietet sich ein Stopp in der pittoresken **Oude Taveerne** an (Durgerdammerdijk 73, Mi–Sa 8/9–22, So 8–18 Uhr, auf Facebook). Leihräder gibt's u. a. bei **NDSM BIKES** zu leihen, die auch gratis Tourenkarten zur Verfügung stellen (NDSMplein 8, ndsmbikes.nl/en/home, Di–So 9.30/10–18 Uhr).

Einer der Pioniere auf dem Werftgelände ist das Café Noorderlicht, das an ein Treibhaus erinnert und kleine, feine Musikevents veranstaltet. Hier verbringen die Amsterdamer ganze Nachmittage und nicht selten auch noch den Abend …

Den rauen Charakter der Werft kann noch spüren, wer die **Kunststad** betritt, wie die Ex-Schiffsbauhalle nun etwas hipper heißt. Die Künstler, die sich hier in den 1990er-Jahren niederließen und als Wegbereiter der Kulturwerft gelten, haben in der Riesenhalle bunte Schachtel-Ateliers gestapelt: eine ›Stadt‹ für 250 Kreative. Schauen Sie vorbei – wenn die Künstler vor Ort sind, freuen sie sich über Besuch. Benachbart liegt die ehemalige Schweißhalle, **Lasloods,** die inzwischen unter Denkmalschutz steht. An ein oder zwei Wochenenden im Monat findet hier eine der größten Flohmärkte Europas statt – ein kunterbuntes Erlebnis (ijhallen.nl/en, Eintritt 5 €).

Oder Sie machen es ganz wie die Amsterdamer, also die südlich des IJ, und spazieren am idyllischen **Noordhollandsch Kanaal** 2 entlang. Oder besuchen das **3D Print Canal House** 3. 2013 setzten DUS architects eine geniale Idee um: Mit einem mehr als schrankwandgroßen 3D-Printer drucken sie Stückchen für Stückchen ein Grachtenhaus des 21. Jh. aus – Besucher sind auf der ›Baustelle‹ gern gesehen. Seit gut vier Jahren wird nun gedruckt, ein bisschen kann's noch dauern. Solch eine Idee kann wohl nur aus Amsterdam stammen …

Giftfresser im Erdreich

Genau das denkt man auch bei einer anderen Location, dem gut 1 km entfernten **Café De Ceuvel** 2, einem der nachhaltigsten Projekte der Stadt. Auf dem verseuchten Boden einer ehemaligen Werft hat eine Freundesclique ein Paradies geschaffen: am Kanal ein Café gezimmert, das an ein Piratennest erinnert, Hausboote aufs Land geschleppt und darin Büros eingerichtet, einen Holzpfad angelegt, damit niemand einen Fuß auf den verseuchten Boden setzen muss, und darunter und drumherum Pflanzen gesetzt, die den Boden innerhalb von zehn Jahren säubern sollen: Fingerhut, Schafgarbe, Rohrkolben & Co. »Eine Utopie ist hier in die Realität umgesetzt worden«, hieß es in der Laudatio für einen Designpreis, den De Ceuvel erhielt. Toll!

Industrie im Sonntagsstaat

Amsterdamer sind ja bekannt für kreative Lösungen und die Umwidmung bestehender Bausubstanz – eines der Vorreiterprojekte war die **NDSM-Werft** 4, deren Besuch nun ansteht. Dazu springen Sie jetzt doch endlich auf die NDSM-werfveer, die sich im Zickzackkurs über das IJ auf die ehemalige Werft zubewegt. Aus der alten Schiffsbaustätte ist längst eine Medien-, Kunst- und Kulturwerft geworden. Bisher konnte sich das charmant Kreativ-Verwahrloste des Areals erhalten, doch seit ein neuer Wind über die Werft weht, von dem nicht nur Luxus-**Marina** **5** und High-End-Hotel **Faralda** **1** (faralda.com) beredtes Zeugnis ablegen, wird auch hier alles schicker und glatter. Einiges an Werftcharme wartet aber noch im **Café Noorderlicht** **3** oder im **Pllek** **4** auf Sie – plus lecker Essen und Musik!

Valtifest auf der Werft

INFOS/ÖFFNUNGSZEITEN

Filmmuseum EYE **1**: IJpromenade 1, www.eyefilm.nl, tgl. 10–19 Uhr, 10 €, Café mit Traumblick auf die Altstadt

3D Print Canal House **3**: Asterweg 149, 3dprintcanalhouse.com, geöffnet n. V., Audio-Tour, mehr Infos: contact info@3dprintcanalhouse.com

Tolhuistuin **1**: Tolhuisweg 5, tolhuistuin.nl, mit Café-Restaurant, s. S. 109

A'DAM TOREN **2**: Overhoeksplein 1, adamtoren.nl, 13,50 €, Schaukel 5 €

LEKKER ETEN!

Café de Pont **1**: Buiksloterweg 3–5, www.cafedepont.nl/en, tgl. 9/10–1, Lunchgerichte 4,50–18,50 €, *borrel*-Karte 4,50–17,50 €, keine Barzahlung

Im **Café De Ceuvel** **2** wird fair, regional und ökologisch gekocht, der Smoothie ist mit Sicherheit grün, die Gesinnung der Crew auch (Korte Papaverweg 2–6, cafedeceuvel.nl/en, Di, Mi, Do, So 11–24, Fr, Sa 11–2 Uhr, Lunchgerichte 6–9 €, Hauptgerichte 13,50/14,50 €). Das **Café Noorderlicht** **3** war einer der Pioniere auf dem Werftgelände und begeistert noch stets mit Bio-Küche, Festen und Konzerten (NDSM plein 102, www.noorderlichtcafe.nl, tgl. ab 11 Uhr, Suppen/Salate 5–14 €, kleinere Hauptgerichte 8,50–11 €). Das **Pllek** **4**, untergebracht in alten Containern, ist ein Multitalent, neben der super Küche sind Yogastunden, Massage, Ausstellungen, Konzerte, Tanz-

events im Programm – und das am (aufgeschütteten) Sandstrand! (TT Neveritaweg 59, plek.nl, So–Do 9.30–1, Fr, Sa 9.30–3 Uhr, Hauptgerichte 17,50–20 €)

Cityplan: Karte 5 | Buiksloterweg-**Fähre** 901, 907 (Centraal Station–Filmmuseum EYE); NDSM-werf-Fähre 905, 906 (Centraal Station—NDSM-Werft)

EINTRITTSKARTEN *in eine andere Welt ...*
*Neben dem Museumplein (▸ S. 64) gibt es
in Amsterdam mehr als 50 weitere Museen,
hier meine persönlichen Favoriten:*

UND JETZT ENTSCHEIDEN SIE!

Micropia

So–Mi 9–18, Do–Sa 9–20 Uhr
13/15 €, Kombiticket mit ARTIS Zoo 25,50/29,50 €

○ JA ● NEIN

Wie viele Mikroorganismen leben auf Ihrer Haut? Auf meiner sind es knapp 200 Quintillionen Bakterien, Viren, Schimmelpilze ... Das Mikroben-Museum ist ein spannendes Erlebnis, ein Museum, ein Labor, ein (Mini-)Zoo.
◫ Karte 2, F 5, www.micropia.nl/en

Foam Fotografie-museum

Sa–Mi 10–18, Do, Fr 10–21 Uhr
11/8 €, Spende (3 €) erwünscht

○ JA ● NEIN

Fotokunst im Grachtenhaus – alle Aspekte der Fotografie unter einem (modernen) Dach: Ausstellungen berühmter Fotografen und junger Talente, zu moderner und historischer Fotografie, Videokunst und Modefotografie.
◫ F 6, www.foam.org/deutsch

huis marseille/ museum voor fotografie

Di–So 11–18 Uhr
8/4 €

○ JA ● NEIN

Bemerkenswerte Fotografie in einem wunderschönen Grachtenhaus. Die Innenräume sind weitestgehend in ihren Originalzustand zurückgeführt worden und bilden einen spannenden Kontrast zur Fotokunst des 20. Jh.
◫ E 5, www.huismarseille.nl/en

Tassenmuseum Hendrikje

tgl. 10–17 Uhr
12,50/9,50/7,50/3,50 €

○ JA ● NEIN

Fashionistas aufgepasst: Hier dreht sich alles nur um die beste Freundin der Frau, die Handtasche. Es geht um ihre Kulturgeschichte, und so ganz nebenbei erfährt man(n), dass Männerhandtaschen früher ganz normal waren.
◫ Karte 2, B/C 5, tassenmuseum.nl/de

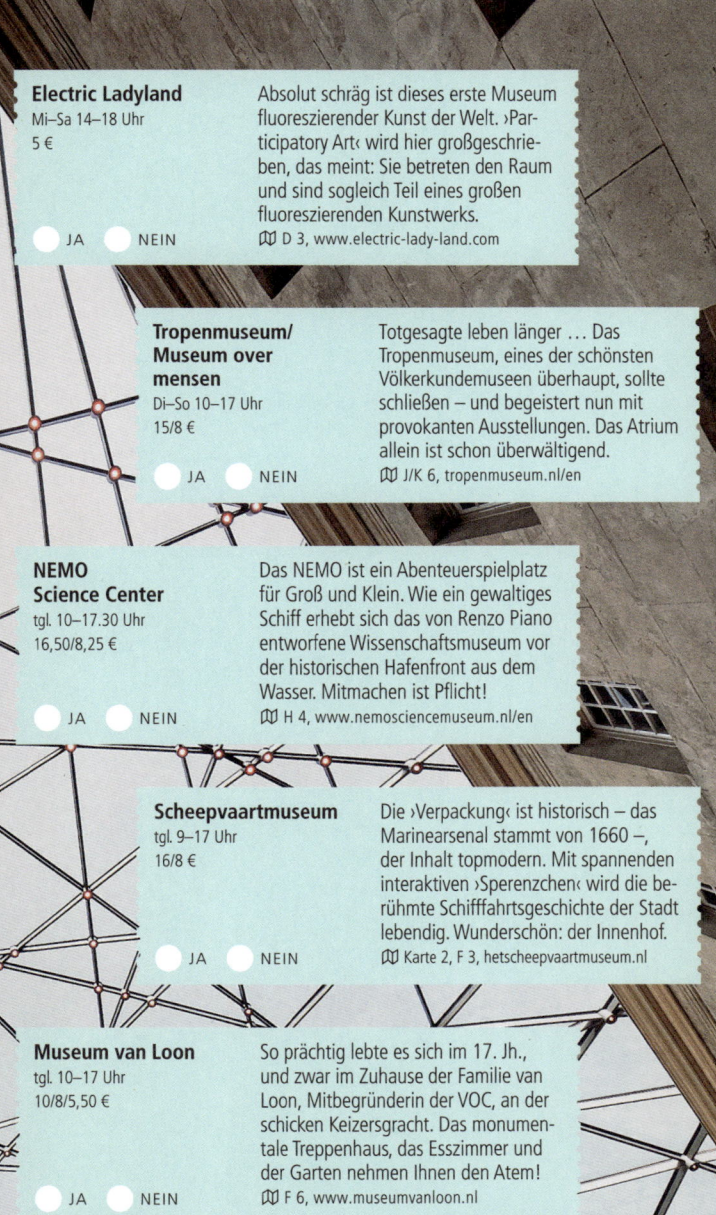

Electric Ladyland
Mi–Sa 14–18 Uhr
5 €

Absolut schräg ist dieses erste Museum fluoreszierender Kunst der Welt. ›Participatory Art‹ wird hier großgeschrieben, das meint: Sie betreten den Raum und sind sogleich Teil eines großen fluoreszierenden Kunstwerks.

○ JA ● NEIN ⧉ D 3, www.electric-lady-land.com

Tropenmuseum/ Museum over mensen
Di–So 10–17 Uhr
15/8 €

Totgesagte leben länger … Das Tropenmuseum, eines der schönsten Völkerkundemuseen überhaupt, sollte schließen – und begeistert nun mit provokanten Ausstellungen. Das Atrium allein ist schon überwältigend.

○ JA ● NEIN ⧉ J/K 6, tropenmuseum.nl/en

NEMO Science Center
tgl. 10–17.30 Uhr
16,50/8,25 €

Das NEMO ist ein Abenteuerspielplatz für Groß und Klein. Wie ein gewaltiges Schiff erhebt sich das von Renzo Piano entworfene Wissenschaftsmuseum vor der historischen Hafenfront aus dem Wasser. Mitmachen ist Pflicht!

○ JA ● NEIN ⧉ H 4, www.nemosciencemuseum.nl/en

Scheepvaartmuseum
tgl. 9–17 Uhr
16/8 €

Die ›Verpackung‹ ist historisch – das Marinearsenal stammt von 1660 –, der Inhalt topmodern. Mit spannenden interaktiven ›Sperenzchen‹ wird die berühmte Schifffahrtsgeschichte der Stadt lebendig. Wunderschön: der Innenhof.

○ JA ● NEIN ⧉ Karte 2, F 3, hetscheepvaartmuseum.nl

Museum van Loon
tgl. 10–17 Uhr
10/8/5,50 €

So prächtig lebte es sich im 17. Jh., und zwar im Zuhause der Familie van Loon, Mitbegründerin der VOC, an der schicken Keizersgracht. Das monumentale Treppenhaus, das Esszimmer und der Garten nehmen Ihnen den Atem!

○ JA ● NEIN ⧉ F 6, www.museumvanloon.nl

Die Amsterdamer Museenlandschaft

Amsterdam ist ein hochkarätiger Museumsstandort und zählt zu den Global Playern in der Museumsszene – insbesondere seit seine Hauptattraktionen Stedelijk, Van Gogh und Rijksmuseum (▶ S. 65) endlich wieder zugänglich sind, was den Niederländern einen nationalen Freudentaumel bescherte und den Strom der Besucher nicht mehr versiegen lässt. Vor allem der **Museumplein** (🗺 D/E 7), an dem die drei Großen residieren, ist fest in der Hand Kunst- und Kulturbeflissener. Doch auch jenseits von Jeff Koons, Van Gogh und Rembrandt ist die Museumslandschaft bunt und aufregend. Neben weiteren Schwergewichten wie Anne Frank Huis (▶ S. 55), NEMO (▶ S. 79) oder der Hermitage (www.hermitage.nl/en) haben sich kleine, feine Museen etablieren können, etwa das Foam Fotografiemuseum (▶ S. 78), huis marseille (▶ S. 78) oder das Tassenmuseum (▶ S. 78). Typisch *amsterdams* kommen das Hausbootmuseum (www.houseboatmuseum.nl), die Geheimkirche Ons Lieve Heer op Solder (▶ S. 31) oder das den Katzenliebhabern vorbehaltene KattenKabinet (www.kattenkabinet.nl) daher.

TIPPS FÜR DEN MUSEUMSBESUCH IN AMSTERDAM

Unter zwölf, manchmal sogar unter 18 Jahren ist der **Eintritt frei!**
Die **I amsterdam city card** ist bei den I amsterdam Visitor Centres erhältlich (1, 2, 3 oder 4 Tage für 59, 74, 87 oder 98 €). Mit der Karte ist u. a. der Eintritt für ca. 40 Museen, den Zoo und div. Attraktionen gratis, außerdem die Benutzung öffentlicher Verkehrsmittel und eine Grachtenrundfahrt. Online über: iamsterdam.com.
Online-Ticket: Wer nicht lange Schlange stehen möchte, bucht sein Ticket online, häufig ist es billiger. Im **Van Gogh Museum** ist nur Online-Buchung möglich!
Museumnacht: Jeden ersten Samstag im November öffnen mehr als 50 Museen ihre Tore für Nachtschwärmer (19–2 Uhr, Infos: museumnacht.amsterdam, Tickets ca. 20 €, unbedingt frühzeitig bestellen).
Museumweekend: Jedes erste Wochenende im April ist der Eintritt in mehr als 500 niederländischen Museen frei (Infos: www.nationalemuseumweek.nl).

Ein Zoo für Bakterien und Co. – das Micropia zeigt nur allerkleinste Lebewesen.

Hofjes – Garanten für Ruhm und Ehre

Der überbordende Reichtum der Amsterdamer Elite im 17. Jh. warf zahlreiche ethische Fragen auf, sodass viele der Bessergestellten einen Teil ihres Vermögens für gute Zwecke stifteten. So unterstützten sie Wohnprojekte für arme und alte Menschen, die *hofjes*. In den Häusern, die sich um einen Innenhof gruppieren, lebten einst Witwen, Waisen, alleinstehende Frauen oder arme alte Menschen. Viele dieser Oasen der Ruhe liegen in einem der heute schönsten Wohnviertel Amsterdams, dem Jordaan, und haben inzwischen größtenteils eine andere Bestimmung erhalten.

Idyll mit Katze und Ruhebank
Karthuizerhof 🕮 D 3

Der Wunsch, sich ›reinzuwaschen‹, muss hier sehr groß gewesen sein, denn hinter der gut 70 m (!) breiten Hausfront verbirgt sich eine der größten Einrichtungen der Stadt – und eine der schönsten: der Karthuizerhof (offiziell Huis Zitten Weduwen Hofje). Einst war er Witwen und ledigen Müttern als kostenlose Wohnstatt vorbehalten. Das vierflügelige Ensemble umschließt zwei großzügige Innenhöfe, die früher u. a. als Bleichanger für die weiße Leinenwäsche und mitunter für den Müßiggang genutzt wurden.

Karthuizerstraat 21–131

Als Wohltäter unsterblich werden
Suykerhofje 🕮 D 2/3

Hinter einem Türchen, über dem schon auf den Stifter hingewiesen wird, was ja keinesfalls schaden kann, wartet ein mit Hortensien, Lavendel und Stockrosen bewachsenes *hofje*. Gestiftet hat es – wie Sie ja nun schon wissen – Pieter Jansz Suyckerhoff, der 19 Wohnungen »für betagte Töchter und Witwen aus protestantischem Hause« errichten ließ. Vor allem reiche protestantische Kaufleute ohne Nachkommen, wie Suyckerhoff einer war, stifteten solche Häuser, um als Wohltäter unsterblich zu werden – das calvinistische Gedankengut lässt sich nicht verhehlen.

Lindengracht 149–163

Ruhe bitte!
Sint Andrieshof 🕮 D 3

Blau-weiß gekachelt ist der wunderhübsche Gang, der in einen pittoresken Innenhof mündet. Um Ruhe wird gebeten – wie in vielen *hofjes*, denn die Bewohner öffnen den Besuchern ja quasi den Zutritt zu ihrem Allerheiligsten. Nach dem Begijnhof ist es das älteste noch bestehende *hofje* der Stadt, von 1614. Ein Giebelstein wünscht: »Vrede sy met U«, »Friede sei mit Euch«.

Egelantiersgracht 107–145

Und die Welt bleibt außen vor
Claes Claesz Hofje 🕮 E 3

Gleich um vier verschachtelte Innenhöfe und einen Löwenbrunnen gruppiert sich dieses hinter einer efeuberankten Mauer gut versteckte *hofje*. Ab 1615/16 diente es als Armenhospiz. Heute ist das kleine Dorf innerhalb der Stadt nicht nur bei Studenten beliebter Wohnraum.

Egelantiersdwarsstraat 3, Egelantiersstraat 28–54

»Untadelig hatte ihr Ruf zu sein!«
Bossche Hofje/Raepenhofje 🕮 E 2

Diese beiden *hofjes* sind die wohl kleinsten und intimsten Amsterdams und teilen sich – ungewöhnlich genug – gemeinsam einen Innenhof. Das Raepenhofje stand ab 1648 protestantischen Witwen offen – aber nur bei bestem Leumund!

Palmgracht 40

Backsteinerne Baukunst fürs Volk – die Amsterdamer Schule

Schwellende Formen, gewellte Fassaden, reich gegliederte Fenster, vorspringende Erker, Zinnen und Türmchen – ein überbordender Detailreichtum prägt die roten Backsteinbauten der Amsterdamse School, die wahren Palästen für die Arbeiter glichen. Besseres, soziales und grünes Wohnen – Amsterdam ist die erste Stadt mit einer Bauordnung, in der diese Forderungen an zentraler Stelle stehen. 2016 konnte die Amsterdamer Schule ihr 100-jähriges Jubiläum feiern.

Kunst am Bau

Het Schip 🗺 nördl. D 1

Der expressionistische Wohnblock, der als Paradebeispiel der Amsterdamer Schule gilt, erhielt von den Einheimischen schnell den Spitznamen ›Das Schiff‹ verpasst. Was nicht weiter verwundert: die gewellte Klinkerfassade symbolisiert das Meer, der Turm am Postamt ruft die Illusion eines Schiffskamins hervor, die Fensterbänder erinnern an Schiffsdecks, die Symbolik tut das ihre. Michel de Klerk und Piet Kramer, die als ›die‹ Architekten der Amsterdamse School gelten, gelang ein innovativer sozialer Wohnungsbau, der neben renovierten Sozialwohnungen heute auch das Museum der Amsterdamer Schule beherbergt.

Detailverliebte Amsterdamse School

Spaarndammerplantsoen 140, www.hetschip.nl, Di–So 11–18 Uhr, 15 €, stdl. Gratis-Führungen 11–17 Uhr (englischsprachig um 15 Uhr) etc.

Eigener Herd ist Goldes wert

De Dageraad 🗺 südl. G 8

Nach dem Namen der Wohnungsbaugesellschaft, die das Flaggschiff von H. P. Berlages Plan Zuid (► S. 69) in Auftrag gab, heißt auch dieses Wunderwerk mit schwellenden Formen, gewellten Türmen und einem überbordenden Detailreichtum »Morgendämmerung«. In der Musterwohnung sind die sehr kleinen Sprossenfenster extra hoch angebracht, der Blick der Bewohner sollte nicht nach draußen gehen, sondern im Inneren der Wohnung bleiben. Auch die Küche war klein, denn die Familie sollte gemeinsam in der *huiskamer* das Essen einnehmen.

Burgemeester Tellegenstraat 128, www.hetschip. nl/en-dageraad, Do–So 11–17 Uhr, Eintritt frei, Film 2,50 €, 12–16 Uhr stdl. Führungen, 7,50 €, anmelden unter: info@hetschip.nl

Gesamtkunstwerk

Het Scheepvaarthuis 🗺 Karte 2, D 2

Mit diesem Gebäude fing alles an: 1916 konnte die feierliche Eröffnung des federführend von Jo van der Meij entworfenen Schifffahrtshauses gefeiert werden. Wie ein Hochseedampfer liegt der Prestigebau der Schifffahrtsgesellschaft an einer Gracht vor Anker. Seine mit vertikalen Mauervorsprüngen und hohen Fenstern reliefartig akzentuierte Fassade, der

Skulpturenreichtum, die edlen Materialien und die avantgardistische Kunst im Inneren formen ein Gesamtkunstwerk. Die Elite aller Disziplinen war hier am Start.

Prins Hendrikkade 108–114 (Hotel Amrâth), Führungen jeden So 11–ca. 14 Uhr, 55 € mit High-Tea-Arrangement, 37,50 € inkl. kleinem Lunch oder 55 € inkl. warmem Lunch, reservieren bis spätestens Montag zuvor unter: info@hetschip.nl oder T 020 686 85 95

Skulptur aus Backstein
Het Sieraad 🗺 A 6

Ein Juwel *(sieraad)* besonderer Art ist die ehemalige Handwerkerschule, das fünfeckige, von zwei Seiten von Wasser eingefasste Gebäude Het Sieraad (1921–24). Der Haus-und-Hof-Bildhauer der Amsterdamer Schule, Hildo Krop, erinnert mit seinen allegorischen Bildwerken u. a. an die vier Handwerke, die hier gelehrt wurden. Gemeinsam mit den drei anderen Eckbauten der Amsterdamer Schule formt Het Sieraad ein städtebauliches Ausnahme-Ensemble.

Postjesweg 1 (mit Café Edel), het-sieraad.nl

Schöner pinkeln
Krul 🗺 D 5

Wildpinkeln war in Amsterdam immer ein Problem. Jo van der Meij ist es zu verdanken, dass Männer ab 1916 schöner pinkeln konnten, in einer gusseisernen dunkelgrünen ›Pinkellocke‹, mit herzigen Andreaskreuzen aus dem Stadtwappen vor dem Rest der Welt geschützt. Dem Säuregehalt in den Grachten dürften diese *krullen* auch dienlich gewesen sein …

z. B. an der Prinsengracht auf Höhe der Nr. 436

(Volks-)Badetag
Badhuis Diamantbuurt 🗺 südl. G 8

Die Bewohner dieses Arbeiterviertels »zeigten sich sehr erfreut« über das Badehaus und »am Eröffnungstag wurde aufgespielt«, hieß es 1926. Die meisten Wohnungen besaßen kein Bad; ab 1911 bemühte sich die Gemeinde, überall in der Stadt Volksbadehäuser einzurichten.

Diamantstraat 134, nicht mehr in Betrieb

Die Mutter aller Brücken (der Amsterdamer Schule)
Lijnbaansgrachtbrug 🗺 D/E 6

Schon 1914 zog Jo van der Meij alle Register in puncto Brückenbau: dekorativ eingesetztes Mauerwerk, üppig mit Kunstschmiedearbeiten verzierte Brückengeländer (oft mit Verweisen auf die Natur) und Skulpturen aus Granit.

Kleine-Gartmanplantsoen/Lijnbaansgracht

Het Schip: An alles war gedacht … nur nicht an die Fensterputzer.

Pause. Einfach mal abschalten

Pflastertreten macht müde, und Pflaster gibt es massig in Amsterdam. Aber auch viel Grün – mehr als 30 Parks zählt die Stadt – zum Relaxen. Und darauf stehen die Amsterdamer: Sie relaxen in Parks und Gärten, an, auf und in (!) den Grachten, an Amstel, IJ und den Stadtstränden, auf dem Boot, bei den zahlreichen Festivals der Stadt und unterm Sternenhimmel beim Open-Air-Kino.

Amsterdams Speakers' Corner
Oosterpark 🗺 J/K 6/7

Ursprünglich im romantischen englischen Landschaftsstil angelegt, präsentiert sich der Park nach einem Facelifting offener, luftiger und natürlicher mit Teichen, Wasserläufen, einem Planschbecken für die Kleinen und vielen Spazierwegen. Eine super Idee ist der Service der Picnic Company. Am Speakers' Stone kann, wer mag, am Sonntag um 13 Uhr seine Meinung sagen. Im Juli sind beim Multi-Kulti-Roots-Festival (amsterdamroots.nl) im Park andere Töne zu hören: Weltmusik.
Oosterparkbuurt; www.picniccompany.nl

Unterm Storchennest
Park Frankendael 🗺 südöstl. K 8

Wirklich wahr, hier nisten Störche. Ob sie hier schon im 17. Jh. nisteten, als sich im Park des Landgutes reiche Amsterdamer verlustierten, ist nicht bekannt. Heute ist der charmante, von Baumalleen und Wassergräben begrenzte Park mit den beiden historischen Gärten, der Feuchtwiese und der Liegewiese für jedermann frei zugänglich. Auf der großen Wiese, die immer gut belegt ist, findet am letzten Sonntag des Monats der Pure Markt statt. Ein weiteres Plus: Zwei hervorragende Restaurants residieren im Park, das De Kas (▶ S. 92) im ehemaligen städtischen Gewächshaus und das Merkelbach (▶ S. 93). Das alte Landgut kann sonntags um 12 Uhr besichtigt werden.
Middenweg 72, www.park-frankendael.nl

Einst ein alter Kräutergarten
Hortus Botanicus 🗺 G/H 5

Suchen Sie sich hier eine Parkbank und Sie werden nicht wieder aufstehen wollen, außer die *Victoria amazonica* blüht, die weltgrößte Wasserlilie. Der Hortus ist einer der ältesten botanischen Gärten der Welt und einer der bezauberndsten. Mit schönem Orangerie-Café.

Café De Ceuvel: ein rundum gelungenes Projekt mit hohem Wohlfühlfaktor.

Plantage Middenlaan 2a, dehortus.nl/?lang=en,
tgl. 10–17 Uhr, 9,50 €

Grüner Außensaal des Rijksmuseum
Skulpturenpark am Rijks 🗺 E 7
Opulente Open-Air-Art ist im neu
gestalteten Garten des Rijks zu sehen,
von Miró über Calder bis Eudardo Chillida
– und das für lau. Die Amsterdamer sind
begeistert, und nicht nur sie. Klettergerüste, ein lebensgroßes Schachbrett, der
Springbrunnen des dänischen Künstlers
Jeppe Hein, den im Sommer alle zum
Abkühlen nutzen, zwei Kaffeehäuschen,
Parkbänke – ein Konzept, das aufgeht.
Museumstraat 1, www.rijksmuseum.nl,
tgl. 9–18 Uhr, Gratis-Zugang

Stilles Dorf in der Stadt
Westelijke Eilanden 🗺 E 1/2
Willkommen im 17. Jh.: Die drei Inseln
in Bahnhofsnähe mitten im Zentrum mit
den schmalen Grachten, den hübsch
restaurierten Speicherhausensembles,
altholländischen Zugbrücken, Hausbooten und alten Frachtschiffen sind ein
Idyll, das sich nur zu Fuß erkunden lässt.
Am Hollandse Tuin auf Bickerseiland
wird auf den Stufen gegrillt, gepicknickt
und … geschwommen.
Zugang über Sloterdijkstraat, Haarlemmer
Houttuinen, Bokkinghangen

Ich seh den Sternenhimmel, oh-oh
Stenen Hoofd/Pluk de Nacht
🗺 Karte 5, A 2
Reservieren auch Sie sich im August
einen Liegestuhl für 5 € beim beliebten
Open-Air-Kinofestival auf dem Stenen
Hoofd, einem verlassenen Pier zwischen
Silodam und der Westerdoks-Insel, denn
es wird eng (mit Bar und Foodtrucks).
Im Rest des Jahres ist mehr Platz, auch
auf den Kaimauern, wo Sie die Beine
und die Seele baumeln lassen können.
Stenen Hoofd, www.stenenhoofd.nl, www.pluk
denacht.nl, während des Festivals ab 15 Uhr

Aussichtsreich
Dachterrasse des NEMO 🗺 H 4
Spektakulär ist der Blick vom frei
zugänglichen Dach des Wissenschaftsmuseums NEMO auf Amsterdam. Auf

Nein, einen Südseestrand hat Amsterdam nicht, doch es wird an vielen
Orten geschwommen – überall in der
Stadt, z. B. bei De Ceuvel (s. S. 76),
auf Java-Eiland (🗺 Karte 3, Bogortuin), auf den Westelijke Eilanden
(🗺 E 1/2, s. links), am Entrepotdok
(🗺 H/J 5) oder in der Amstel (🗺
südl. H 8, Berlagebrug). Weiter raus
liegen Sloterplas (🗺 westl. A 6),
Ouderkerkerplas (🗺 südl. J 8) und
Nieuwe Meer (🗺 südwestl. A 8).

der von Renzo Piano als öffentlichem
Platz konzipierten Terrasse trifft sich
Jung und Alt, um das Leben zu genießen
(mit Restaurant). Hier ist die interaktive Ausstellung Energetica mit ihren
Installationen und Skulpturen rund um
erneuerbare Energien zu sehen. Seien
Sie doch mal Ihre eigene Sonnenuhr!
Oosterdok 2, www.nemosciencemuseum.nl/en/

Wohlfühlen auf dem Wasser
G's brunch boat 🗺 E 3
Lekker eten auf dem Wasser: Echte
Amsterdamer machen's, andere aber
auch! Und wer kein Boot hat, steigt halt
bei G's ein, der für seinen ausgezeichneten Brunch in relaxter Atmosphäre
bekannt ist (Dauer: ca. 2 Std., 40 €).
Abfahrt Sa, So um 10, 11, 12,13 Uhr ab
Keizersgracht 177 (nahe des Homomonuments),
reallyniceplace.com/brunch-boat

600 m² Wellness
Sauna Deco 🗺 Karte 2, A 1
Nahe den Negen Straatjes wartet eine
charmante Spa-und-Wellness-Oase auf
Sie – kein Wunder, die Jugendstileinrichtung stammt aus dem Pariser Warenhaus Le Bon Marché, das zu Beginn des
20. Jh. den *rich and famous* vorbehalten
war. Saunieren und sich massieren
lassen kann hier heute jede(r).
Herengracht 115, saunadeco.nl, Mo, Mi–Sa
12–23, Di 15–23, So 13–19 Uhr, Sauna ab 19 €

ZUM SELBST ENTDECKEN

Privatunterkünfte
Weitere Adressen für
mehr oder weniger günstige Privatunterkünfte,
auch für einen längeren
Aufenthalt: www.wimdu.
de, www.9flats.com oder
www.airbnb.de. Allerdings schränkt die Gemeinde die Vermietungen
etwa über Airbnb immer
weiter ein, ab 2019 sind
Vermietungen über das
Portal auf max. 30 Tage
pro Jahr beschränkt.
Über ein Totalverbot
denkt man nach.

Like a local
Spannend und preisgünstig ist ein Wohnungstausch oder eine kostenlose Mitwohnmöglichkeit.
Infos und Angebote:
www.homelink.de, www.
homeforhome.com, www.
couchsurfing.org und
www.hospitalityclub.org.

Auf dem Hausboot
Wie wär's? Amsterdamer
für ein paar Nächte?
Schauen Sie hier: www.
houseboathotel.nl
(mehr als 70 Boote im
Angebot).

Unterm schiefen Giebel

Eine gute Lage an der Gracht oder an einem der schönen Plätze, ein Zimmer in einem Patrizier- oder Grachtenhaus – das ist in Amsterdam kein Problem. Ihr Lager können Sie überall aufschlagen, die Frage ist nur, ob ein Zimmer frei ist und wer sich was leisten kann. Denn Amsterdam ist teuer – und sehr gut gebucht. Viele neue Hotels haben eröffnet, doch fast nur in den höheren Kategorien. Gerade wer nicht so viel ausgeben möchte oder kann, muss frühzeitig buchen – inzwischen zu fast jeder Zeit. Private Alternativen gibt es viele, vom Hostel über Hausboot und Pension bis zum B & B und zur geschmackvollen Airbnb-Unterkunft, doch günstig sind sie alle nicht.

Knapp 55 000 Hotelbetten in mehr als 400 Amsterdamer Hotels warten momentan auf müde Gäste; die Standards variieren vom Jugend- oder Low-Budget-Hotel-Schlafsaal bis zur Luxussuite. Die Zahl der Vier- und Fünf-Sterne-Unterkünfte steigt stets weiter an, und auch die Hotels der gemäßigteren Kategorie haben preislich mächtig angezogen.

Viele schöne Grachtenhäuser sind im Laufe der Jahre in stimmungsvolle Hotels, B & Bs oder Airbnb-Unterkünfte umgewandelt worden, wo Gäste mit individuellem Service verwöhnt werden. Wer träumt nicht davon, morgens die Gardinen zur Seite zu ziehen und auf eine der malerischen Grachten zu blicken? Die Kehrseite der Medaille ist allerdings offenkundig: So mancher früherer Mieter wurde längst an den Stadtrand verdrängt.

Designpapst Marcel Wanders freut sich – soeben hat er das von ihm entworfene Hotel Andaz eröffnet.

Easy going im Jordaan
De Eelhouse 🏠 D 2/3
Daphne hat wohl eines der nettesten
B & Bs der Stadt, klein, fein und mit Katze
mitten im Jordaan. Hübsch und hell
eingerichtete, ruhige Zimmer, ein leckeres
Frühstück und die freundliche Besitzerin
machen es zu einem Geheimtipp. Zimmer
über eine steile Treppe erreichbar.
Tweede Lindendwarsstraat 21, T 06 11 80 44 01,
www.eelhouse.eu, DZ 120–150 € inkl. Frühstück

Mit Retrocharme
Cake Under My Pillow 🏠 E 7
Warum es hier immer so lecker riecht?
Noam und Siemon betreiben unter ihrem
B & B auch die Patisserie **De Taart van
m'n Tante** (tgl. 10–18 Uhr) mit den ab-
gefahrensten Tortenkreationen, die man
sich denken kann. Und wer in ihrem B & B
mit den drei hübschen Zimmern im detail-
verliebten Retrostyle im Multi-Kulti-Viertel
De Pijp übernachtet, kommt meist in
den Genuss von dem ein oder anderen
Gutschein für unten, wohin übrigens eine
für Amsterdam typische sehr steile Treppe
führt. Nutzung von Wohnzimmer und Küche (mit gut gefülltem Kühlschrank) frei.
1e Jacob van Campenstraat 66, T 020 751 09
36, cakeundermypillow.com, DZ 130–170 €
inkl. Frühstück

Öko-B & B unterm Meeresspiegel
Lieve Nachten 🏠 östl. K 3
Auf einer Insel im IJmeer und doch nur
15–20 Min. vom Zentrum entfernt, liegt
diese Design-Bleibe mit vier großzügigen,
thematisch gestalteten Zimmern mit
jeweils eigenem Bad (z. B. ›In the Woods‹
und ›Out of Africa‹). Wer mag, kann im
nur wenige Meter entfernten IJmeer
schwimmen, so er sich aus dem wirklich
traumhaften B & B mit Bibliothek, Terrasse
und Garten losreißen kann … Kitty und
Fred sind sehr aufmerksame Gastgeber
und zaubern täglich ein abwechslungs-
reiches Bio-Frühstück (auch für Veganer
und Allergiker geeignet) auf den Tisch. Ob
Sie sich nach der traumhaften Ruhe hier
wieder an zu Hause gewöhnen können?
J. O. Vaillantlaan 77–79, Steigereiland, T 020
416 20 76, www.lievenachten.nl, DZ ab 130 €
inkl. Frühstück

Nah am Wasser gebaut …
Sweet Dreamz 🏠 H 1
Mini-Boutique-Hotel in Noord mit drei
Zimmern, sechs Leihfahrrädern, vier
Duschen und viel liebevoll ausgesuchtem
Schnickschnack. In wenigen Minuten sind
Sie mitten im Grünen oder am Fähranle-
ger, von wo es nur ein Sprung übers IJ ins
Zentrum ist. Unten im hellen großzügigen
Speisesaal des Café Modern – der Name
führt ein wenig in die Irre: das Café ist
ein Restaurant, die Einrichtung aus den
50ern, das Ganze in einer ehemaligen
Bank – serviert Chef Sander ein wöchent-
lich wechselndes 4-Gänge-Menü für 40 €.
Meidoornweg 2, T 020 494 06 84, www.
sweetdreamz.nl, 75, 85, 110 €

An alles ist gedacht!
Sunflower B & B 🏠 Karte 2, A/B 1
Chris' sehr zentral gelegenes B&B ist
ein Kleinod, ein buntes noch dazu – der
Name deutet es an. Das Haus ist von
1750 und hat schon ein paar Jährchen
auf dem Buckel, doch das merkt man den
liebevoll ausgestatteten Zimmern nicht an
– auf kleinstem Raum ist für alles gesorgt
und Chris ein toller Host.
Spuistraat 62-1, kein Tel., sunfloweramsterdam.
nl, 130–250 € inkl. Frühstück; Treppen!

›A warm Welcome‹ am Vondelpark
Bed & Breakfast Amsterdam
🏠 westl. A 8
Das liebevoll im Laura-Ashley-Stil eingerichtete B & B ist ein Schmuckstück mit
Garten. Der englischen Gastgeberin Karen
und ihrem holländischen Ehemann Paul
sind ihre Gäste ein Herzensanliegen. Das
Haus liegt direkt am Kanal, keine 5 Min.
vom Vondelpark entfernt in einem ruhigen Viertel. Es ist mit Tram 1, 2, 17 gut
ans Zentrum angebunden (zum Bahnhof
gut 30, zum Leidseplein ca. 20 Min.).
Sloterkade 65, T 020 679 27 53, www.bedand
breakfastamsterdam.net, DZ ohne eigenes Bad
85–160 €, DZ 110–185 €, Suite 180–335 €
inkl. Frühstück

Klein, aber fein
Owl Hotel 🏠 D 6
Das Hotel zwischen Leidseplein und
Vondelpark ist für seine freundliche Atmo-

sphäre bekannt. Zwar sind einige der 34 schlichten Zimmer (auch Familienzimmer) klein, doch immer komfortabel. Die sympathischen Details, z. B. frische Blumen überall, lassen spüren, dass das Haus mit Liebe geführt wird. Weiterer Pluspunkt: die geschlossene Terrasse im Garten. Und die Lage ist perfekt: Kunst, Kultur, Shopping und Entspannen im Park — alles in wenigen Gehminuten zu erreichen.
Roemer Visscherstraat 1, T 020 618 94 84, www.owl-hotel.nl, DZ ab 70 €, Frühstück 11 €

Beste Lage und bezahlbar
Stayokay Amsterdam Zeeburg
🏠 östl. K 5
Der jüngste Sprössling unter den Amsterdamer Jugendherbergen ist in einer ehemaligen Schule in einem ruhigen Stadtteil untergebracht. Mit Fahrrad oder Straßenbahn in 15 Min. von der Innenstadt erreichbar. Coole, moderne Einrichtung mit geräumigen Zimmern (auch Familienzimmer); super Frühstück. Mit Restaurant, Fahrradverleih, Terrasse.

Kunst bewundern, Livemusik hören, einen DJ-Kurs besuchen — alles ist möglich in der Designbar des JAZ Hotels.

Timorplein 21, T 020 551 31 33, www.stayokay.com, Schlafsaalbett ab 17,50 €, im DZ ab 39 €, Frühstück 6,50 €

Ein feines Hostel
The Student Hotel Amsterdam
🏠 westl. A 4
Studentenbuden sahen auch mal ganz anders aus! In diesem schön designten, stylishen Studentenwohnheim nur ca. 10 Min. von der City entfernt, können auch ›Normalos‹ jeden Alters ein Zimmer buchen — je nach Geldbeutel mit mehr oder weniger Komfort. Restaurant, Bar und Laundry sind vorhanden.
Jan van Galenstraat 335, T 020 760 40 00, www.thestudenthotel.com, DZ ab 58 €

Cool und clean
The Bulldog Hotel Amsterdam
🏠 Karte 2, B 3
Die Entspannung seiner Gäste liegt dem bereits mehrfach ausgezeichneten ›Fünf-Sterne-Hostel‹, das sehr viel Wert auf Komfort und lockeres Ambiente legt, am Herzen. Die Lage an einer ruhigen Gracht, knapp 100 m vom Rotlichtviertel entfernt, tut ein Übriges dazu.
Oudezijds Voorburgwal 220, T 020 620 38 22, www.bulldoghotel.com, Schlafsaalbett ab 30 €, DZ ab 110 €, Frühstück 6 €

Rundum gut versorgt
Misc eatdrinksleep 🏠 Karte 2, C 3
Die sechs völlig unterschiedlich eingerichteten Zimmer in Nieuwmarkt-Nähe — z. B. eines im Barockstil, eines à la Rembrandts »Nachtwache«, eines à la »Jenseits von Afrika« — begeistern. Die drei Zimmer mit Grachtenblick sind nicht ganz so ruhig wie die drei mit Blick auf die schönen Innenhöfe. Das angeschlossene kleine Restaurant hat sich exotischen Genüssen verschrieben. Begrüßungssekt und Pralinen gehen aufs Haus, die Minibar ist inklusive, der Service grandios.
Kloveniersburgwal 20, T 020 330 62 41, www.misceatdrinksleep.com, DZ ab 150 € inkl. Frühstück

Im Designrausch
Andaz 🏠 D 5
Im luxuriösen Andaz in der Prinsengracht hat Designpapst Marcel Wanders so rich-

tig in die Wundertüte gegriffen: riesige Lampen, die wie Himmelskörper oder bunte Riesenpilze aussehen, Fische, die durchs Zimmer schwimmen, Teppiche im Delfter-Blau-Look … Verschwenderische Pracht mit aufmerksamer Gastlichkeit kombiniert – das ist das Andaz.

Prinsengracht 587, T 020 523 12 34, amsterdam. prinsengracht.andaz.hyatt.com, DZ ab 260 €

Wohnen wie Rapunzel
Windketelhotel 🏠 B 1

Wer hier, im denkmalgeschützten Turm im ruhigen, autofreien Ökoviertel wohnt, will nicht wieder weg. Wie gut, dass die achteckige Unterkunft – gesamt gesehen – günstiger wird, je länger man bleibt! Zehn Anwohner aus der Nachbarschaft haben in einem alten Industriemonument das winzigste Hotel Amsterdams eröffnet und auf drei Etagen ein kleines Juwel eingerichtet (mit Küche).

Watertorenplein 8c, kein Tel., www.windketel.nl/ en, 3 Nächte (mind.) 375 € bis 1 Woche 700 €

Mit Romantikfaktor
B & B Studio Boven IJ 🏠 Karte 5, D 2

Das Studio mit den großen Fenstern liegt in einem charmanten Deichhaus im ruhigen Noord. Neben Schafzimmer, komplett eingerichteter Küche, Bad mit Badewanne, Ess- und Wohnraum macht der Patio viel vom Charme des 18-m²-Studios aus. Zwei Räder sind gratis; mit Rad/Bus und Fähre sind Sie in 20 Min. am Bahnhof.

Leeuwarderweg 50, T 06 47 11 68 64, www. bbbovenij.nl, pro Nacht ab 90 € (2 Pers.)

Für Aftershow und Afterhour
Jaz Amsterdam 🏠 südl. H 8

Das Motto dieses schicken Designhotels ist Musik – wie Wunder, es liegt in direkter Nachbarschaft der großen Hallen. Neben den komfortablen Zimmern (King-size-Betten, Yoga Channel und -matte, Regendusche) sind auch das Spa mit Sauna und Fitnessstudio, die traumhafte Bar mit Livemusik und Wechselausstellungen lokaler Kunst ein Plus. Gutes Restaurant mit leckerem Craftbeer. Die 30 Min. zum Bahnhof (sehr gute Metro-Anbindung) sind in Anbetracht des ausgezeichneten Preis-Leistungs-Verhältnisses okay.

Sam und Marco wollten die Welt verändern, sie träumten und dachten nach – und hoben 2009 das erste **Conscious Hotel** am Vondelpark aus der Taufe, bald darauf Nr. 2 am Museumplein, ein drittes am Vondelpark und ein viertes am Westerpark. Wer grün wohnen möchte, ist hier richtig: Die Öko-Häuser werden mit nachhaltiger Energie betrieben, Müll wird getrennt und recycelt, es werden ausschließlich LEDs, Energiesparlampen und wassersparende Duschköpfe verwendet, das Frühstück ist bio, die Lebensmittel stammen aus der Region, die Möbel aus zertifiziertem Holz, gepresstem Papier oder recyceltem Material. Die Liste ließe sich beliebig fortführen, und das Schöne daran ist: Die Hotels sind nicht nur öko, sondern wunderschön, wie etwa die echte grüne Pflanzenwand in der Lobby. Womit Sam und Marco bewiesen haben: Öko kann auch sexy sein. (Conscious Hotel Vondelpark, Overtoom 519, T 020 820 33 33, 81 Zi, DZ ab 90 €, www.conscioushotels.com)

Passage 90, T 020 210 58 58, www.jaz-hotel. com, DZ ab 130 € inkl. Frühstück

Ein Zuhause am Wasser
Pension Homeland 🏠 J 4

Koen und Astrid stecken all ihr Herzblut in ihr neuestes Projekt, das auf dem alten Marinegelände Hotel, Restaurant und Bar umfasst. »Sich wie zu Hause fühlen« ist dabei ihre Richtschnur. Die unterschiedlich großen, hübschen Zimmer besitzen neben einer fantastischen Aussicht über das Wasser alle ein Wandgemälde von Jan Verburg zum Thema »Land in Sicht«. Frühstück, Lunch und Dinner können Sie im angeschlossenen Restaurant mit schöner Terrasse am Wasser zu sich nehmen.

Kattenburgerstraat 5, T 020 723 25 50, www. pensionhomeland.com, DZ ab 85 €

Aus dem Melting Pot

›Amsterdamse‹ Esskultur? Sie finden, das sind zwei Begriffe, die sich ausschließen? Stimmt nicht (mehr)! Holland genießt auf kulinarischem Gebiet zwar nicht das hohe Ansehen Frankreichs oder Italiens, doch lassen sich in Amsterdam mühelos Restaurants aller Kategorien finden, die außerordentliche Gaumenfreuden auftischen – mit steigender Tendenz. Der Amsterdamer selbst isst gerne auswärts, Essen zu gehen ist hier eine in erster Linie gesellige, fröhliche und informelle Angelegenheit. Die holländische Küche, die lange Zeit keinen guten Ruf genossen hat – zu fett, zu deftig –, ist mit einigen wirklich ausgezeichneten Restaurants in der Stadt vertreten. Oder was würden Sie zu einer mit Zitronenöl und Piment verfeinerten Senfsuppe oder einem Risotto mit Frühlingszwiebeln, Walnüssen, Stolwijker Bauernkäse und Roten Beten sagen? *Lekker? Precies!*

Nicht zu vergessen sind die Spezialitäten aus aller Welt, schließlich ist Amsterdam die Multi-Kulti-Stadt per se. 180 Nationen haben der holländischen Hauptstadt ihren Stempel aufgedrückt, allen voran die indonesische, die chinesische und die surinamische Küche.

Übrigens stehen die Amsterdamer auf *tussendoortjes* (wörtl. ›Zwischendurchleins‹) – von *belegde broodjes* über *Nieuwe haring* bis zu Fleischkroketten und *bitterballen* (▶ S. 34).

ZUM SELBST ENTDECKEN

Zeedijk/Nieuwmarkt
Am Zeedijk, der fest in der Hand chinesischer Amsterdamer ist, und an der Nieuwmarkt-Seite des Zeedijk, wo die Straße mündet, finden sich zahlreiche gute Speise-Adressen. Hier dreht sich alles um die chinesische Küche – kein Wunder, liegt hier doch das Epizentrum der Amsterdamer Chinatown. Allein die exotischen Auslagen in den Schaufenstern lohnen den Weg.

De Pijp
Wer auf Vielfalt steht, ist hier richtig – von vietnamesischen *loempias* (Frühlingsrollen) über surinamische *rotis* (ein Curry in Fladenbrot eingeschlagen) bis zu indonesischem *Gado Gado* (Salat mit Erdnusspaste) ist hier alles im Angebot.

Jordaan
Im stimmungsvollen Jordaan treffen Sie auf mehrere gute Eetcafés, Klassiker der Amsterdamer Küche sowie viele kleine Szene-Restaurants.

FEBO – Essen aus der Wand.

SO BEGINNT EIN GUTER TAG IN AMSTERDAM

Nachbarschaftscafé
Café van Zuylen 🍴 Karte 2, A 2
Hier kann man mit Traumblick auf die Gracht in Ruhe frühstücken. Und dann vielleicht direkt mit den warmen Brownies an Vanilleeis weitermachen! Die freundliche Bedienung empfiehlt auch mittags oder abends Snacks und leckere Gerichte von der Karte. Und im Sommer gibt es in Amsterdam kaum eine schönere Terrasse an der Gracht.
Torensteeg 4–8, T 020 639 10 55, So–Do 10–1, Fr, Sa 10–3 Uhr, Salate 10 €, *borrelhappen* ab 5 €

Frühstück im Sonnenschein
Puccini Espressobar 🍴 Karte 2, C 4
Bei Puccini Bomboni (Nr. 17), türmen sich Pralinen und Schokoladen gleich pyramidenweise auf. Und ein Haus weiter wartet mit dem Puccini eine meiner liebsten Frühstücksadressen in Amsterdam. Und das nicht nur, weil das Rührei mit Lachs so gut schmeckt und das Ziegenkäse-Panini auch, sondern weil die kleine feine Terrasse direkt zum Zwanenburgwal hin liegt, einer wunderhübschen Gracht. Und sollte nach dem Frühstück noch was gehen, die Focaccia, die super leckeren Torten und die süßen sizilianischen Cannoli (2 €) zum Kaffee gehen immer.
Staalstraat 21, T 020 620 84 58, puccini.nl, Mo–Fr 8.30–18, Sa, So 9–18 Uhr, Frühstück ab 12 €, Broodjes ab 6 €, Focaccia ab 8 €, Salat ab 15 €

Britisches Flair
Greenwoods 🍴 Karte 2, A 2
2010 wurde Amsterdams erster Tearoom gegründet und erfreut sich großer Beliebtheit – nicht nur, weil man hier den *ganzen* Tag frühstücken kann. Zum gemütlichen, frischen Ambiente kommen sehr freundliche (englische) Servicekräfte und eine umfangreiche Karte: Neben dem sehr guten Full English Breakfast locken Eier Benedict, Omelettes, selbstgemachtes Sodabread, Joghurt mit Granola und vieles mehr – die Zutaten sind alle bio. Ein Tipp: die Devonshire Clotted Cream.

Exzellenter Tee und Kaffee, High Tea (24 €). Filiale in der Keizersgracht 465.
Singel 103, T 020 623 70 71, greenwoods.eu, Mo–Do 9–16, Fr–So 9–16.30 Uhr, Full English Breakfast 14 € (veggie 13 €), Toast etc. ab 3 €

Terrasse an der Gracht
De laatste Kruimel 🍴 Karte 2, B 4
Der Name ist Programm, denn es bleibt wirklich kaum ein Krümel auf dem Teller, so lecker sind Sandwiches, Brötchen, Scones, Joghurts oder die Quiches und Pies. Man wird wohl kaum irgendwo in der Stadt so lecker und re günstig essen können. Am schönsten sitzt man auf der Mini-Terrasse direkt an der Gracht.
Langebrugsteeg 4, T 020 423 04 99, www.delaatstekruimel.nl, tgl. 9–20 Uhr, Kuchen ab 3 €, Broodjes ab 4 €, Quiche 5 €, Biojoghurt mit Granola 5 €

Frühstück mit Pfiff
Gartine 🍴 Karte 2, A 4
Wem es zum Frühstück in der netten Atmosphäre auf gleich zwei Etagen und bei dem freundlichen Wirtspaar gefällt, der kommt noch mal zum Lunch oder High Tea. Die Frühstückspalette ist groß: von Bauernjoghurt mit pochierten Birnen und geröstetem Kokos über Arme Ritter und Eier Benedict bis hin zum Pfannkuchen mit Lemoncurd und Mandelsirup – alles ist lecker, und viele Zutaten stammen aus dem eigenen Garten. Mit Mini-Terrasse.
Taksteeg 7, T 020 320 41 32, www.gartine.nl, Mi–So 10–18 Uhr, Frühstück 4–10,50 €, Lunch 7–12 €, Kuchen 4,75 €, High Tea 17,50–25 €

Omeleggs, Eggceteras & Breggfast
Omelegg 🍴 südl. E 8
Der frühe Vogel … und so weiter. Tatsächlich startet die mega gemütliche Omelettery in De Pijp für Amsterdamer Verhältnisse recht früh in den Tag: wochentags um 7. Der Name ist Programm, und diese Omelettes sind richtig gut – etwa der Fisherman, Popeye oder Dutchie. Dazu kommen *Eggceteras* wie Shakshuka. Für den, der nicht auf Eier steht, gibt es drei leckere Frühstücksvarianten. Eine Filiale ist im Nieuwebrugsteeg 24.
Ferdinand Bolstraat 143, T 020 370 11 34, omelegg.com, Mo–Fr 7–16, Sa, So 8–16 Uhr, Omelettes 6–10 €, Frühstück 6–12,50 €

Bei schönem Wetter wird im De Kas auf der Terrasse mit Blick auf den Gemüse- und Kräutergarten serviert.

WO ESSEN AUF NACHHALTIGKEIT TRIFFT

Hochwertigste Zutaten
De Kas 🍴 südl. K 8
Der Weg lohnt sich, und das Ausflugs-gefühl stellt sich fast sofort ein! Im Park Frankendael gelegen, ist ›De Kas‹ (holl. Gewächshaus) eine Oase der Ruhe. Ausgezeichnet isst man entweder in dem 8 m hohen atemberaubenden, von Piet Boon entworfenen Speisesaal oder draußen auf der Terrasse am Kräutergar-ten. Spitzenkoch Gert Jan Hageman lässt ausschließlich frische Produkte aus dem eigenen Treibhaus oder aus biologischem Anbau von lokalen Anbietern verarbeiten. Kamerlingh Onneslaan 3, T 020 462 45 62, www. restaurantdekas.nl, Mo–Fr 12–14, Mo–Sa 18.30–22 Uhr, 5-Gänge-Menü 57 €, Lunch-Menü 36 €

Raw Food
Alchemist Garden 🍴 B 7
Alec bereitet jedes Gericht mit Liebe zu, und das hat ihm innerhalb kürzester Zeit viele Fans eingebracht. Selbst Carnivoren schmecken die Zucchini-Spaghetti mit grünem Pesto, die Kürbis-Burger oder der vegane Hotdog, Salate und Quiches. Gute Säfte und Desserts. Mit kleiner Terrasse. Overtoom 409, T 020 334 33 35, auf Facebook, Mo–Sa 9–21, So ab 12 Uhr, Hauptgerichte ab 6 €

Weltreise für Vegetarier und Veganer
Golden Temple 🍴 F 6
Der farbenfroh eingerichtete, leicht spiri-tuell angehauchte ›Tempel‹ ist das älteste vegetarische Restaurant der Niederlande. 70 % der Gerichte sind vegan und fast alles ist mit Produkten aus biologischem Anbau zubereitet. Die ›Weltküche‹ reicht von indonesischen Tempeh-Salaten über herrliche Currys, indische Thalis und irani-sches Quinoa-Tabouleh bis zur Pizza. Utrechtsestraat 126, T 020 626 85 60, www. restaurantgoldentemple.com tgl. 17–21.30 Uhr, Hauptgerichte 14–21 €, Pizza ab 12,50 €

Kreative vegetarische Küche
De Waaghals 🍴 E 7
Stylishes Restaurant, das ganz ohne Shabby-Chic-Faktor, dafür aber mit

einer ausgezeichneten kreativen Küche daherkommt, die Gerichte aus aller Welt serviert. Die Zutaten sind überwiegend bio, die (kleine) Speisekarte wechselt regelmäßig. Süße ›Straßenterrasse‹.

Frans Halsstraat 29, T 020 679 96 09, www. waaghals.nl, tgl. 17–21.30 Uhr, Hauptgerichte 16,50–19,50 €, 3-Gänge-Menü 30 €

Slow Food
Merkelbach 🍴 südl. K 8

Die Natur spielt für Chefkoch und Slow-Food-Anhänger Geert Burema eine große Rolle, und damit ist nicht nur die Lage am Park Frankendael gemeint, sondern der vernünftige Umgang mit ihr und ihren Produkten. Das spiegelt sich natürlich in der ausgezeichneten französisch-mediterranen Saisonküche wieder. Abends nur 3- oder 5-Gänge-Menü (37 €/55 €). Zum Park hin besitzt das alte Kutscherhaus aus dem 17. Jh. eine traumhafte Terrasse.

Middenweg 72, T 020 665 08 80, restaurantmer kelbach.nl, Mi–Sa 8.30–23, So–Di 8.30–18 Uhr, Lunchgerichte 7–12 €, Lunchmenü 32 €

»Go vegan or go home«
Vegan Junk Food Bar 🍴 E 7

Hunger auf Burger, Fritten & Co., aber keine Lust mehr auf Fett und fiese Zutaten? Hier schließt die Vegan Junk Food Bar den Kreis und serviert leckerstes Fast Food in bunter Umgebung. Und zeigt, dass vegan hot ist, egal, ob es sich um Sumo-Burger, Amsterdamer *bitterballen*, Trüffel-Fritten, Tortilla oder Shawarma handelt. Filialen sind in der Eerste van Swindenstraat 389 und am Staringplein 22. Große Portionen.

Marie Heinekenplein 9–10, kein Tel., www.vegan junkfoodbar.com, Mo–Do 11–24, Fr–So 11–24 Uhr, Fritten ab 5,50 €, Burger um 10 €, Kuchen 5/6 €, Desserts um 5 €

Ehrliche Küche
Restaurant As 🍴 südl. E 8

Das puristisch eingerichtete, gemütliche Restaurant ist in einer alten Kapelle untergebracht. Die unverfälschte Küche setzt auf ausgezeichnete biologische Saisonprodukte; eine Speisekarte gibt es nicht. Die etwas weitere Anreise (Tram 5) lohnt sich: Das Angebot ist klein, aber gut, was beim selbst gebackenen Brot

anfängt und bei Kürbisravioli, Pasta mit Chorizo oder Seehecht mit Fenchel und Salsa Verde (16–22 €) noch lange nicht aufhört. Kinder sind sehr willkommen und freuen sich auf den Verdauungsspaziergang im benachbarten Beatrixpark. Im Sommer sitzt man unter Sonnensegeln auf der Terrasse zum Park einfach herrlich.

Prinses Irenestraat 19, T 020 644 01 00, www. restaurantas.nl, Di–Fr 12–22, Sa, Mo 18.30–22, So 12–20 Uhr, 3-/4-/5-Gänge-Menü 45/55/59 €

Gesundes auch für Carnivoren
THE MEETS 🍴 südl. E 8

Ihr Partner isst liebend gern Fleisch, Sie aber nicht? Kein Problem: Schauen Sie bei THE MEETS vorbei, die ihr Problem auf einen gesunden Nenner gebracht haben: 80 % der Gerichte hier sind pflanzlich, 20 % aus tierischen Produkten zubereitet. Und alles ist zu 100 % lecker. Ein Tipp: Probieren Sie die *bitterballen* aus Roter Bete (6 €).

Cornelis Troostplein 3, T 06 15 31 67 34, www. themeets.nl, Mo–Do 11–22, Fr–So 9.30–22 Uhr, Hauptgerichte 15–17 €, Snacks 5–9 €, Salat 13 €

Kunst & Küche
Dwaze Zaken 🍴 Karte 2, C 1

›Verrückten Geschäften‹, so der Name, geht man in diesem wunderschön von

Restaurant As: Kochen in der Kapelle – ökologisch, nachhaltig, lokal

ÜBRIGENS

Kopf in den Nacken und los geht's – die ersten Heringe der neuen Fangsaison sind da. Nachdem die Jungheringe fünf Tage in Salzlake geruht haben, gehen sie als *Nieuwe Haring* oder *Hollandse Nieuwe* in den Verkauf: herrlich mild, durchaus gehaltvoll und dennoch ausgesprochen leicht verdaulich. Und nun heißt es: Kopf in den Nacken, Mund auf und das rohe und mit Zwiebeln gespickte Heringsfilet elegant in den Schlund gleiten lassen … Der Amsterdamer übrigens liebt die größeren Fische, gerne mit einer *zure bom* garniert, einer süßsauer eingelegten Gurke, und in große Stückchen zerteilt. Lekker!

Künstlern gestalteten, zentral gelegenen Restaurant nach. Dazu zählt eine zu 92 % nachhaltige Küche aus saisonalen und regionalen Produkten. Jeden letzten Montag im Monat wird zum »eten wat de pot schaft« für 6,90 € geladen (Dinner vorab auf Facebook, oft Livemusik), ansonsten kann man hier von morgens bis abends mit vielen Einheimischen *lekker* essen. Prins Hendrikkade 50, T 020 612 41 75, www.dwazezaken.nl, Mo–Do 9–23, Fr, Sa 9–24, So 9–17.30 Uhr, Hauptgerichte 17–20 €, Lunch ab 8 €

Gesundes zum Mitnehmen
STACH 🍴 E 2
Schnell, einfach, gesund – auf diesen Dreiklang lässt sich das Konzept von STACH herunterbrechen. Es gibt eine gesunde Auswahl von allem, vom Frühstück übers Dessert bis zum Smoothie, geliefert von lokalen Produzenten. Die Speisen sind lecker, frisch und oft ungewöhnlich – kurz: eine gesunde Alternative. Genießen können Sie die Snacks auf der nächsten Parkbank oder an der Gracht. Filialen: Van Woustraat 154, Nieuwe Hoogstraat 1a. Haarlemmerstraat 150, www.stach-food.nl, Mo–Sa 8–22, So 9–22 Uhr, Frühstück ab 3,50 €, Brote 4 €, Hauptgerichte ab 6 €, Sweets ab 2 €

INSTITUTIONEN UND SZENETREFFS

Trendy an der Gracht
Café Tabac 🍴 E 2
In diesem am Schnittpunkt zweier Grachten gelegenen Lokal stimmt alles: die gemütliche Atmosphäre, die Stimmung, der Service und die kreative, asiatisch inspirierte Küche (sehr leckeres *Gado Gado*). Am Wochenende heißt es: sehr früh kommen oder draußen bleiben, wo man dann auch nur noch mit viel Glück einen der äußerst begehrten Plätze auf den Sitzkissen (fast) direkt an der Prinsengracht bekommt. Was die Amsterdamer überhaupt nicht stört. Brouwersgracht 101/Prinsengracht, T 020 622 44 13, www.cafetabac.eu, Mo–Do 12–1, Fr 12–3, Sa 11–3, So 11–1 Uhr, Hauptgerichte ab 14 €

Gehobene indonesische Küche
Tempo Doeloe 🍴 F 6
Intimes, im indonesischen Stil eingerichtetes Lokal, in dem authentisch, also oft auch sehr scharf, gekocht wird, deshalb eher mild oder medium bestellen. Ausgezeichnete Reistafel mit 25 Gerichten. Das beliebte Speiselokal ist stets sehr gut besucht, unbedingt reservieren! Utrechtsestraat 75, T 020 625 67 18, www.tempodoeloerestaurant.nl, Mo–Sa 18–24, Fr, Sa 12–16 Uhr, Reistafel ab 35 € pro Person

Ruhe vor dem ›Sturm‹: Tempo Doeloe

Einst saßen im Koffiehuis van den Volksbond die Hafenarbeiter – ohne Rosen!

Tapas satt
Duende 🍴 E 2

Die Lindengracht ohne das Duende ist unvorstellbar. In diesem am späten Abend manchmal übervollen lebendigen Jordaan-Café gibt es ausgesprochen leckere Tapas, die die iberische Küche von ihrer besten Seite präsentieren. Sehr beliebt nicht nur bei spanischen Amsterdamern, sondern auch Anwohnern und Touristen – sicher auch wegen des netten Services. Häufig Live-Flamenco und Flamenco-Unterricht (Mo–Do).

Lindengracht 62, T 020 420 66 92, cafe-duende. nl, Mo–Fr 16–24, Sa 12–1, So 16–24 Uhr, Tapas 4–8 €, Jamón Iberico de Bellota 15 €

Lockere Atmosphäre
De Engelbewaarder 🍴 Karte 2, C 3

Jamsessions am Sonntagnachmittag (Sept.–Juni 16.30–19 Uhr), die heimelige Atmosphäre im Inneren des Cafés, die Terrasse direkt an der Gracht, 20 leckere Biere und eine überraschend gute Küche mit hohem Bio-Anteil zu vernünftigen Preisen – das sind die Komponenten für den großen und bereits langanhaltenden Erfolg des Eetcafés, in dem der enthusiastische Koch Ruben Bunder das Zepter schwingt.

Kloveniersburgwal 59, T 020 625 37 72, www. cafe-de-engelbewaarder.nl, Mo–Do 10–1, Fr, Sa 10–3, So 11–1 Uhr, Lunchgerichte 4,50–6,50 €, Hauptgerichte 16–19 €, Tagesgericht 11 €, hausgemachte Kuchen ab 4 €

Top-Thai
Me Naam Naan 🍴 Karte 2, D 3

Spezialitäten aus Thailands Nordosten: Die ausgezeichnet gewürzten Fisch-, Fleisch-, Hühnchen- oder vegetarischen Gerichte werden in einem sparsam thailändisch dekorierten, mit viel Holz eingerichtetem Ambiente serviert. Aufmerksamer Service. Das Restaurant hat sogar Auszeichnungen aus Thailand erhalten! Probieren Sie auch das rote Curry, das zu den besten Gerichten der Stadt zählt.

Koningsstraat 29, T 020 423 33 44, menaam naan.nl, Do–So 17–22.30 Uhr, Hauptgerichte 15–22 €, Suppen ab 6 €, viele vegetar. Gerichte

Das Auge isst mit
Hotel de Goudfazant 🍴 K 2

Die ehemalige Autowerkstatt mit der offenen Küche, dem großen Kronleuchter und den langen Tischen ist nach wie vor beeindruckend, der aufmerksame Service eine Wohltat und die übersichtliche Speisekarte gut und abwechslungsreich. Nicht zu vergessen: die Aussicht aufs IJ.

Aambeeldstraat 10h, T 020 636 51 70, www. hoteldegoudfazant.nl, Di–So ab 18 Uhr, 3-Gänge-Menü ca. 34 €, Hauptgerichte um 20 €, mit der Metro 52 (Noorderpark), dann 10 Min. zu Fuß

Mit Fabrikcharme
Choux 🍴 Karte 2, E 1

In der ehemaligen Bols-Fabrik hat sich ein neuer Hotspot für Kreative und

DE FOODHALLEN

Jetzt hat auch Amsterdam endlich seinen Indoor Food Market mit gut 20 Ständen, und schon wird er mit dem Mercat de la Boqueria in Barcelona verglichen – diesem frommen Marketingwunsch sollten Sie jedoch nicht erliegen. Die Foodhallen (foodhallen.nl, Bellamyplein 51) wirken etwas steril, das Angebot ist exklusiv und gut gemischt – vom Japaner über den Burgerladen bis zum Muschelstand. Die Preise sind gesalzen. Doch mit diesem Wissen kann man auch hier glücklich werden. Und die Location in einer alten Tramremise ist unbestritten einmalig.

Normalos etabliert und weiß durch eine ausgezeichnete, nicht ganz billige Küche zu überzeugen. Chefkoch Merijn van Berlo liebt ungewöhnliches Gemüse wie Meersalat oder vergessene Kräuter wie Maikraut, aus denen er nicht-alltägliche Gerichte zubereitet. Probieren Sie auch die super leckeren Desserts. Die Karte wechselt häufig, so bleibt es spannend. Ausgezeichnete (Bio-)Weine, vertrauen Sie den Empfehlungen. Guter Service. De Ruyterkade 128, T 020 02 10 30 90, choux.nl, Mo 10–17, Di–Fr 10–1, Sa 18–1 Uhr, 3-Gänge-Menü 38 €, 4-Gänge-Menü 47 €

Essen, trinken, tanzen
Le Nouveau Riche 🍷 Karte 2, A/B 4
Für das verborgene Schmuckstück hagelt es nur Bestnoten: für das ausgezeichnete französische Essen, für die heitere Atmosphäre, den tollen Barraum, den super Service, die leckeren Cocktails und die gute Musik, ein Fest für Auge und Gaumen … und bezahlbar. Wer von allem etwas probieren möchte, ist mit dem Shared-Dining-System perfekt bedient. Rokin 84, T 020 370 34 48, lenouveauriche.com, So–Do 11–1, Fr, Sa 11–3 Uhr, 3-Gänge-Menü 30 €, Hauptgerichte 14–22 €

Retro-Ambiente
The Lobby Nesplein Restaurant & Bar 🍷 Karte 2, B 3
Irgendwo zwischen Fabrikhalle und Altherrenclub bewegt sich die Einrichtung dieses Hotspots mitten in der City, charmant und gemütlich. Das junge, engagierte Team überzeugt die Gäste: mit Meeräschenfilet an Wildreis und Pakchoi, Schweinenacken an Rosmarinpüree und Ravigotesauce, Pilzrisotto mit Haselnüssen oder dem beliebten Flammkuchen. Nes 49, T 020 758 52 75, www.thelobbynesplein.nl, tgl. 9–1 Uhr, Hauptgerichte 21,50 €, 3-Gänge-Menü 39 €, Flammkuchen 11,50 €

EXPERIMENTIERFREUDIG UND UNGEWÖHNLICH

Kulinarische Weltreise
Latei 🍷 Karte 2, C 2
Wo Sie sich auch niederlassen, hier ist es einfach wunderbar, egal ob unten im Café mit Blick auf den Zeedijk oder oben auf der Galerie. Der Tand aus den 1960er- und 1970er-Jahren ringsum ist käuflich und gibt dem Raum etwas Nostalgisches. Donnerstags, freitags und samstags serviert das Kookkollektief hier seine ›Nutritious Delicious Dishes‹. Die Gerichte der Weltküche wechseln saisonal, die Köche lassen sich auf ihren Reisen inspirieren und kochen nur mit frischen, biologischen und gesunden Zutaten. Besonders schön ist es hier zum Frühstück bei einem der besten Espressi

der Stadt. Kommt dann noch die Katze vorbei, ist alles gut.

Zeedijk 143, T 020 625 74 85, latei.net, Mo–Mi 8–18, Do, Fr 8–22, Sa 9–22, So 10–18 Uhr, Suppe 6 €, Kuchen ab 3 €, Dinner Do–Sa 18–21.30 Uhr

Sie haben keine Wahl!
Marius  E 1

Man muss wissen, dass es in dem netten kleinen Lokal nur ein täglich wechselndes 4-Gänge-Menü gibt – das hat es aber in sich! Saisonale französische Landküche auf Top-Niveau kommt auf die karierte Tischdecke. Dazu ein paar weniges Spezialitäten – fertig! Sehr gute Weinkarte. Mit kleiner Terrasse (fast) an der Gracht.

Barentszstraat 173, T 020 422 78 80, restaurant marius.nl, Mo–Sa 18.30–24 Uhr, Menü 48 €, Grande Bouillabaisse de Marcel Pagnol 30 €

Bei den alten Pfeffersäcken
Haesje Claes Karte 2, A 3

Das altholländische Restaurant begann 1974 in einem Gebäude und hat sich mittlerweile auf sechs ausgebreitet. Das Interieur erinnert noch an das Amsterdam des 17. Jh. Auf den Tisch kommen u. a. traditionelle Eintöpfe (z. B. *hutspot* oder Fischtopf), Kabeljau, Muscheln, Blutwurst, Hühnerleber und Lamm.

Spuistraat 273–275, T 020 624 99 98, www.haes jeclaes.nl, tgl. 12–22 Uhr, Menü 30 €

Revolutionäres Dinner
Joe's Garage K 8

Immer wieder montags und donnerstags findet in diesem besetzten Haus das ›Volkseten Vegazulu‹ statt. In dieser Volksküche kochen Freiwillige und essen dann gemeinsam mit den Gästen. Gekocht wird vegan, biologisch, nachhaltig,

saisonal und mit regionalen Produkten. Über Ihre Mithilfe freut man sich.

Pretoriusstraat 43, joesgarage.nl, Mo, Do 19–23.55 Uhr, Unkostenbeitrag 4 €

Top oder Hop?
ROC Elements D 8

In diesem Restaurant, das zur Hotelfachschule gehört, dürfen sich Kochlehrlinge austoben. Aber keine Angst: Sie stehen kurz vor der Prüfung und kochen die Sterne vom Himmel, zumindest ist das ihr Anspruch. Das Menü ist meist ausgezeichnet, wechselt monatlich und kostet nur wenig. Ein Sommelier-Lehrling sorgt für die Weinbegleitung, das Servicepersonal ist ebenfalls noch in der Ausbildung.

Roelof Hartstraat 6–8, reservieren T 020 579 17 17, heerlijkamsterdam.nl/roc-elements, 3-Gänge-Lunch 15 €, Mo–Fr ab 12, Dinner ab 18 Uhr

Auf einer einsamen Insel
Vuurtoreneiland östl. J 1

Eine einsame Insel im Markermeer, viel Natur, ein Glashaus mit einer langen Tafel, kontaktfreudige wie hungrige Menschen, zwei Bootstouren und ein hervorragendes Essen – das bietet das Abenteuer Leuchtturminsel. Das gemeinsame Essen steht im Vordergrund; es wird traditionell und nachhaltig gekocht und alles verwertet. Auch für Veganer und Vegetarier geeignet. Unbedingt frühzeitig reservieren!

Vuurtoreneiland, Abfahrt ggü. Lloyd Hotel, T 020 362 16 64, Kartenverkauf: vuurtoreneiland. nl/reserveren, Zeiten siehe Website, 5-Gänge-Menü inkl. Wein, Kaffee/Tee, Bootsfahrt 100 €

Für Liebhaber zarter Aromen
Restaurant Entrepot Karte 2, F 4

Früher zogen Arvid und Zander mit einem rollenden Restaurant durch Amsterdam, seit Ende 2017 sind sie sesshaft. Was nicht bedeutet, dass sie langweilig geworden sind: Ihre Saisonküche besticht nach wie vor durch feinste Aromen, viele der lokalen Produkte werden auf der offenen Flamme zubereitet. Das Menü wechselt täglich, die Weinkarte ist ausgezeichnet, die Gegend mit 84 denkmalgeschützten Grachtenhäusern ein Traum.

Entrepotdok 7–8, T 020 341 57 22, restaurantent repot.nl, Mi–Mo ab 18 Uhr, Hauptgerichte 20–27 €

ROC Elements: für alle Sinne

In den schmalen Straßen des **Jordaan** findet man Antiquariate, Trödel- und kleine Möbelläden, ungewöhnliche Boutiquen, Second-Hand-Shops und vor allem im südlichen Jordaan Kunst und Antiquitäten. Auch am **Rokin** und im **Spiegelkwartier** sind Kunst- und Antiquitätenkäufer gut aufgehoben.

Ungewöhnliches lässt sich in Oude und Nieuwe Hoogstraat und in der Sint Antoniesbreestraat am Rand des Rotlichtviertels, in der Haarlemmerbuurt sowie in der Utrechtsestraat finden. Sehr schön stöbert es sich auch in den Negen Straatjes. Ähnlich wie in diesen neun Gassen zeigen sich Prinsen- und Herenstraat, wo Sie auf noch unbekannte Designer treffen.

Und last not least: **Haute Couture** gibt's im Museumkwartier, in P. C. Hooft-, Van Baerle- und Beethovenstraat.

Aufregend anders

Amsterdam ist ein Einkaufsparadies für bewusste jeder Couleur, für Freunde von Ausgefallenem und für (fast) jeden Geldbeutel. Kaum einer, der in der Grachtenstadt nicht fündig würde: Überall in der historischen Innenstadt liegen hübsche kleine Läden (›winkeltjes‹) verstreut. Die Amsterdamer können mit Fug und Recht behaupten: »In Amsterdam zu shoppen, macht Spaß!«

Denn auch wer nur zum Einkaufen herkommt, hat das Glück, beim Shoppen nebenher eine kleine Sightseeingtour zu machen, spaziert durch schöne Straßen, stöbert in alten Häusern. Vielleicht findet sich in einem Grachtenhaus aus dem 17. Jh. eine coole Ledertasche oder in einem der alten Lagerhäuser das Porzellan für die gute Stube? Und selbst der ›Einkaufsmuffel‹ wird wahrscheinlich verführt. Denn er muss kein bestimmtes Einkaufsviertel aufsuchen, muss nicht Stunden seiner kostbaren Zeit für den Besuch eines Einkaufsgettos opfern.

Es gibt übrigens nicht nur ungewöhnlich viele Geschäfte, es gibt auch viele ungewöhnliche Geschäfte abseits des ewig Gleichen. Nicht ohne Grund ziehen immer mehr Startups in die holländische Metropole. Gerade jungen Leuten ist es wichtig, fair gehandelte und nachhaltige Produkte anzubieten – und der wachsende Erfolg gibt ihnen recht.

Charlie + Mary: Pflanzenwand im nachhaltigen Shop

LES- UND HÖRBARES

Comicfans aufgepasst!
Lambiek 🔒 Karte 2, D 3

Die Herzen von Comicfans schlagen hier höher: In Europas ältester und Hollands größter Comicbuchhandlung gibt's seit 1968 die größte Auswahl alter und neuer *strippen* in Amsterdam – auch auf Deutsch, Englisch, Französisch etc.

Koningsstraat 27, T 020 626 75 43, www.lam biek.net, Mo–Fr 11–18, Sa 11–17, So 13–17 Uhr

Schön(es) für Buchliebhaber
MENDO 🔒 D 4

MENDO über MENDO: »We are a candy store for book aficionados.« Dem ist wenig hinzuzufügen, vielleicht noch, dass die Auswahl von Bildbänden über Fashion, Fotografie, Architektur, Interieur and Grafikdesign ebenso erlesen ist wie die an XL-Büchern. Allein die coole Ladeneinrichtung, ein Entwurf von CONCRETE, ist den Besuch wert.

Berenstraat 11, T 020 612 12 16, mendo.nl, Mo–Sa 10.30–18, So 12–17 Uhr

(Noch) unabhängig
Athenaeum Boekhandel & Nieuws-centrum 🔒 Karte 2, A 4

Egal, ob in der Buchhandlung mit ihren 50 000 Büchern (auf Deutsch) rund um Literatur, Linguistik, Geisteswissenschaften, Kunst und Kochen oder im benachbarten Shop mit einer der größten und sicherlich der besten Auswahl an Zeitschriften Hollands – Zeit braucht es!

Spui 14–16, www.athenaeum.nl, Mo–Sa 9–19, So 11–18 Uhr

Im siebten Vinylhimmel
RecordFriend Elpees 🔒 Karte 2, C 3

35 000 Vinylscheiben – hier residiert das Walhalla für Plattenliebhaber! Mit großem 2nd-Hand-Angebot und ein paar neuen Platten. Das Angebot reicht von Klassik zu psychedelischer Musik, von Hip-Hop zu Reggae und umfasst auch audiophile Ausgaben. Auch Plattenspieler.

Sint Antoniesbreestraat 64, T 020 620 00 84, www.recordfriendamsterdam.nl, Di–Sa 11–18, So 12–18 Uhr

Plattomania
Concerto 🔒 F 6

Gleich über fünf (!) benachbarte Häuser breitet sich Concerto aus, eine Traditionsadresse seit mehr als 60 Jahren, die für eine ausgezeichnete Auswahl quer durch alle Genres steht, egal ob LP, CD oder DVD, neu oder gebraucht. Auf der Suche nach Raritäten? Die Chance ist groß, hier fündig zu werden. Mit Café.

Utrechtsestraat 52–60, Café in Nr. 52, T 020 261 26 10, concerto.amsterdam/en, Mo–Mi, Fr, Sa 10–18, Do 10–19, So 12–18 Uhr

LECKER UND GUT SOLL'S SEIN!

Für Tee- und Kaffeekenner
Simon Lévelt 🔒 D 4

Ist die Prinsengrachtbrücke überquert, hat man den Boden des Jordaan offiziell betreten und stößt auf diese überaus fotogene Kaffeerösterei, die Kaffee- und Teekenner schätzen. Alles, was man hier erwerben kann, ist biologisch und nachhaltig. Seit Langem schon setzt sich die Familie Lévelt für einen fairen Anbau ein. Es gibt vier weitere Filialen in der Stadt, u. a. in der Jodenbreestraat 20.

Prinsengracht 180, T 020 624 08 23 www.simonlevelt.nl, Mo 12–18, Di–Fr 10–18, Sa 10–17, So 13–17 Uhr

Gewürze vom Hoflieferanten
Jacob Hooy 🔒 Karte 2, C 3

In einem Grachtenhaus von 1743 ist die älteste Drogerie, Kräuter- und Gewürzhandlung der Stadt untergebracht. Der schmucke Eckladen hat sein Originalinterieur mit Holzfußboden und -Schubläden, Fässchen und Gläsern bewahrt. Ist einen zweiten und dritten Blick wert.

Kloveniersburgwal 10–12, T 020 624 30 41, jacob-hooy.nl, Mo 13–18, Di–Fr 10–18, Sa 10–17 Uhr

Bunte Bonbons
Papabubble 🔒 E 2

Alles kein Teufelszeug: nur Zucker, Wasser und Glucose. Daraus machen die *snoepartiesten* mitten im Laden kleine süße Kunstwerke: Bonbons, Lollys & Co. Dass Marieken und Dominik ihren Job lieben,

ÜBRIGENS

Alles begann mit einer Selbstanzeige. Der Journalist Teun van der Keuken beschuldigte sich 2003 selbst, er esse Schokolade und sei deswegen an Kinder- und Sklavenarbeit beteiligt. Insbesondere in Westafrika, wo die größten Kakaoplantagen liegen, ist Sklavenarbeit noch immer an der Tagesordnung. Er wurde freigesprochen, woraufhin er beschloss, den Schokoladenmarkt von innen heraus zu verändern. Er gründete Tony's Chocolonely – ›Lonely‹ weil er sich unter den Schokoladenherstellern als Einzelkämpfer sah – mit dem Ziel, aufzuklären. Auf dem Weg zu einer Schokolade, die zu 100 % ›slavefree‹ sein soll, schloss er Langzeitverträge mit Partnern in Ghana und der Elfenbeinküste, setzte höhere Löhne durch und förderte Kooperationen zwischen den Farmern. Der Erfolg seiner Schokolade erinnert an ein Märchen, die knallbunt verpackten Tafeln sind inzwischen fast weltweit zu kaufen. 2016 hat Teun 51 % der Anteile an der Firma verkauft. Heute kritisiert er, dass zu wenig für die ursprünglichen Ziele getan werde. Doch die Erfolgsgeschichte schreibt sich dessen ungeachtet fort: In der Westergasfabrik (s. S. 58) boomt der Flagship-Store und eine Schokoladenfabrik auf der NDSM-Werft ist geplant – hoffentlich behält man die Ziele auch ohne Teun im Auge (tonyschocolonely.com/de).

merkt man nicht nur bei den Workshops. Fast jeden Tag ist hier was anderes los.
Haarlemmerdijk 70, T 020 626 26 62, www. papabubble.nl, Mo, Mi–Fr 12–18, Sa 10–18 Uhr

Bunte Bonbons
Het Oud-Hollandsch Snoepwinkeltje 🛍 D 3
Sie treten durch die Tür und landen geradewegs im Schlaraffenland. Mariskas

Schätze lagern in riesigen Gläsern und können noch per Stück gekauft werden – gerade so wie zu Großmutters Zeiten. Probieren Sie die Salzlakritze oder die Salmiakdrops oder oder oder …
2e Egelantiersdwarsstraat 2, T 020 420 73 90, www.snoepwinkeltje.com, Di–Sa 11–18.30 Uhr

Tony's Chocolonely – die Schokoladenstücke sind willkürlich aufgeteilt, ungleich, um darauf hinzuweisen, dass auch Kakao nicht gerecht verteilt ist.

Alles Käse
Kaaskamer van Amsterdam 🛍 D 5
Seit mehr als 20 Jahren gibt es diesen wunderbaren Käseladen, in dem auf kleinstem Raum 400 Käse im Verkauf sind. Viele Amsterdamer schwören, er sei der beste Käseladen der Stadt. Der Käse wird bei lokalen Anbietern möglichst in Bioqualität gekauft, alle 14 Tage geht es nach Paris, um leckerste französische Ware zu kaufen, und die Produzenten in Spanien und Italien sind gewissenhaft ausgesucht. Ausgezeichnet sind auch die belegten Brötchen und die Salate zum Mitnehmen. Sehr gute Weine.
Runstraat 7, T 020 623 34 83, www.kaaskamer.nl, Mo 12–18, Di–Fr 9–18, Sa 9–17, So 12–17 Uhr

VIELFÄLTIGES MARKTTREIBEN

Multikulti
Dappermarkt 🛍 K 6
Mit mehr als 250 Ständen nicht so groß und überlaufen wie der Albert Cuypmarkt, daher auch noch alltäglicher. Die Warenpalette ist ähnlich, das Publikum bunt.
Dapperstraat, www.dappermarkt.nl/english-information, Mo–Sa 9–17 Uhr

Amsterdams ältester Biomarkt
Noordermarkt 🛍 E 2/3

Dieser Biomarkt ist einer der schönsten, die ich kenne, ein Genuss für die Sinne. Die Marktbeschicker bereiten die leckersten Produkte in höchster Qualität vor ihrer Kundschaft aus: riesige Käselaibe, frisch gebackene Brote, körbeweise Pilze, leckerste Wurstwaren … Und das in friedlichster Nachbarschaftsatmosphäre.

Noordermarkt, boerenmarktamsterdam.nl, Sa 9–16 Uhr

Produkte aus Amsterdam
The Maker Market 🛍 B 5

Food und Non-Food aus Amsterdam: Vom *fiets* über das T-Shirt bis zur Brille, von der Lampe über den Tisch bis zum Bildband, von der Wurst über Craft Beer bis zu Tee und Schokolade – einmal im Monat findet der Wochenendmarkt in De Hallen, einer alten Straßenbahn-Remise, statt. Für Abwechslung ist gesorgt; für die hohe Qualität der heimischen Produzenten garantiert The Maker Store (s. S. 103).

www.themakerstore.nl/maker-market, ein Wochenende im Monat, Fr, Sa 11–17 Uhr, De Hallen, Hannie Dankbaarpassage 39

CONCEPT STORES

… wie Pilze schießen sie aus dem Boden, z. B. **Sukha** (🛍 E 2, Haarlemmerstraat 110, www.sukha.nl, Mo 11–18.30, Di–Sa 10–18.30, So 12–17 Uhr) – nachhaltige Mode und Accessoires aus Indien, Nepal, Marokko, Peru, Indonesien und Holland; mit Coffee Corner. Bei **Charlie + Mary** (🛍 F 8, Gerard Doustraat 84, charliemary.com, So, Mo 12–18, Di–Sa 10.30–18 Uhr) ist die Mode nicht nur mega cool, sondern auch nachhaltig und ethisch korrekt; mit Café. Als die ›Mutter aller Concept Stores‹ gilt **Hutspot** (🛍 F 7, Van Woustraat 4, www.hutspotamsterdam.com, Mo–Sa 10–19, So 12–18 Uhr; Filiale: Rozengracht 204–210). Hier haben junge Kreative die Chance, ihre Entwürfe zu verkaufen, egal ob Mode, Accessoires, Möbel oder Bücher; mit Café. Und Martijn pflegt Haar und Bart im angeschlossenen Toon's Barbershop (Termin machen).

Mit viel Liebe geführt: Öko-Boutique Sukha in der Haarlemmerstraat

The Maker Store: Alle Produkte stammen von lokalen Anbietern.

Wie bei den Bouquinisten in Paris …
Boekenmarkt Oudemanhuis-poort 🛍 Karte 2, B 3

… nur nicht am Wasser. Hinter einem monumentalen Toreingang zur Uni verbirgt sich dieses Kleinod: Seit 1879 verkaufen Antiquare in diesem stimmungsvollen Arkadengang Bücher, Zeichnungen, Postkarten, Stiche etc. Nur 15 Verkäufer bekommen eine Lizenz; abends werden die schönen ›Bücherkisten‹ abgesperrt.
Oudezijds Voorburgwal 227, Oudemanhuispoort (Arkadengang der Uni), Mo–Sa 9–17 Uhr

‧‧

MODE UND MEHR

Second Hand mit dem gewissen Etwas
Thrift Shop Amsterdam 🛍 F 8

Beim Thrift Shop geht es um Qualität, nicht um Quantität, das beweisen Marken von Gucci bis Goosecraft. Mit Webshop.
Albert Cuypstraat 187, T 020 304 87 56, thrift shop.amsterdam, Mo 13–18, Di–Sa 11–18 Uhr

Hippe Second-Hand-Mode
Episode 🛍 Karte 2, C 4

Großer hipper, angesagter Second-Hand-Laden mit viel Seventies-Mode und festlichen Outfits. Die Klamotten sind z. T.

›aufgehübscht‹. Für Ordnungsneurotiker: Die Accessoires sind nach Farben sortiert. Kleinere Filialen: Berenstraat 1, Nieuwe Spiegelstraat 37h und Spuistraat 96.
Waterlooplein 1, www.episode.eu, Mo–Sa 10–18, So 12–18 Uhr

Günstiges fürs Fest
Spiegelbeeld 🛍 E 5

In diesem mit Liebe geführten Negen-Straatjes-Geschäft findet Second-Hand-Markenmode zu fairen Preisen ihre Abnehmer, insbesondere die große Auswahl an Abend- und Festgarderobe. Übrigens mein Hotspot für Karnevalskostüme! Auch Neuware u. a. von Ilse Jacobsen, Rinascimento und Margit Brandt.
Huidenstraat 24b, T 020 638 53 64, Mo 13–18, Di–Fr 11–18, Sa 11–17.30, So 13–17.30 Uhr

Die Jeans im Abo
Eerlijk waar! 🛍 Karte 2, A 2

Hier gibt es sie, die MUD-Jeans zum Leasen – für eine einmalige Startgebühr von 29 € und 7,50 € monatlich. Nach einem Jahr kann man sie entweder behalten oder eine neue leasen. Zurückgegebene Jeans werden recycelt. Außerdem schöne Produkte von RAINS und weitere Fair-Trade-Klamotten vom schwedischen Label KnowledgeCotton Apparel im Angebot.

Torensteeg 5, T 06 48 36 79 36, www.eerlijk
waar.net, tgl. 10–18 Uhr

Farbe für Frauen
Lien en Giel 🛍 E 3

Die von Eline und Michiel entworfene
Kollektion schwelgt in Farben und folklo-
ristisch inspirierten Mustern. Die gesamte
Verarbeitung der Kleidung erfolgt in Europa – so kommen Stiefel und Schuhe etwa
aus der Türkei – und ohne Kinderarbeit.
Prinsenstraat 11, T 020 423 45 44, www.lienen
giel.nl, Mo–Sa 11–18, So 12–17 Uhr

Dänisch schlicht
Samsøe & Samsøe 🛍 E 4

Nun hat Amsterdam schon zwei Läden
des bekannten Labels, das für seine
schlichte Mode für Frauen und Männer
steht. Schlicht zwar, aber mit dem gewis-
sen Extra, dem Sinn fürs Detail. Der erste
eröffnete in den 9 Straatjes (s. S. 98).
Wolvenstraat 31, T 020 334 69 53, www.
samsoe.com, So, Mo 12–18, Di, Mi, Fr, Sa 10–
18, Do 10–20 Uhr; Filiale: Utrechtsestraat 34

····································

DUTCH DESIGN AT ITS BEST
····································

Design als Gesamtkonzept
Droog 🛍 Karte 2, C 4

Riesiger Showroom der Pioniere des
Dutch Design, Renny Ramakers und Gijs
Bakker. Sie wollten sich in den 1990ern
vom rein funktionalen Industriedesign
absetzen und Neues und Kreatives mit
einer Prise Witz erschaffen, das ist ihnen
gelungen. Ihr Domizil mit Fairy Tail Garden, Café, Bibliothek, Galerie und Hôtel
Droog mitten in der Stadt zu besuchen,
ist ein wunderbares Erlebnis.
Staalstraat 7b, T 020 523 50 50, www.droog.
com, tgl. 9–19 Uhr; Hôtel ab 370 €/Nacht

Think big!
moooi 🛍 D 3

Beeindruckender Showroom von Design-
legende Marcel Wanders in einer ehemaligen Schule im Jordaan – hier ist alles
etwas größer, beeindruckender, verrückter.
Neben seinen – oft raumgreifenden –
Produkten sind auch andere bekannte
Designer bei moooi (= schöön) vertreten.

Westerstraat 187, T 020 528 77 60, www.
moooi.com, Di–Sa 10–18 Uhr

Raum für Talente
The Frozen Fountain 🛍 D 5

Die Besitzer Dick und Cok geben in ihrer
großzügigen Galerie im Grachtengürtel
ungewöhnlichen holländischen und
internationalen Talenten eine Chance, in
erster Linie jungen Möbeldesignern. Doch
es werden auch mal hauchzarte Stoffe,
ausgefallenes Porzellan, Lampen und
Objekte ausgestellt. Das Vorbeischauen
lohnt sich immer aufs Neue; spannend
sind auch die Ausstellungen.
Prinsengracht 645, T 020 622 93 75, www.
frozenfountain.nl, Mo 13–18, Di–Sa 10–18, So
12–17 Uhr

Design aus Amsterdam
The Maker Store 🛍 B 5

In der einmaligen Atmosphäre einer alten
Tramremise finden junge Amsterdamer
Designer und (Kunst-)Handwerker
ein Podium für ihre Entwürfe – vom
Fahrrad über den Hanfpullover und die
Schafmilchseife bis zum Craft Beer mit
Kräutern und Gewürzen. Mit Café.
De Hallen, Hannie Dankbaarpassage 39, T 020
261 76 67, www.themakerstore.nl, Mo 12–17,
Di–Fr 12–19, Sa 11–19, So 11–18 Uhr

ÜBRIGENS

Mart Visser, Frans Molenaar, Marlies
Dekkers, Viktor & Rolf, Iris van
Herpen – Namedropping ist auch bei
den holländischen Modedesignern
ein Leichtes. Schließlich genießt
nicht nur die Arnheimer Modeaka-
demie einen 1a-Ruf in der Branche.
Erschwingliches von jungen kreativen
holländischen Talenten wie Marjolein
Eilsabeth, Ellen Benders oder Fenny
Faber hängt bei **Young Designers
United** in der Keizersgracht an der
Stange (Keizersgracht 447, ydu.nl,
Mo 13–18, Di, Mi, Fr, Sa 10–18, Do
10–20 Uhr).

ZUM SELBST ENTDECKEN

Traditionelle Ausgehadressen sind Rotlichtviertel, Rembrandt- und Leidseplein. Auch Jordaan und De Pijp sind beliebte Ausgehviertel. Die im **Jordaan** gebotene Unterhaltung ist jedoch um einige Dezibel gedämpfter als anderswo in der Stadt. In den gemütlichen Kneipen, Cafés und Restaurants sitzen ›alte‹ Jordanezen, Künstler, Studenten, Yuppies und Touristen zusammen. Und **De Pijp**, ursprünglich ein altes Arbeiterviertel, zählt neben den vielen Cafés und Restaurants multikulturellen Zuschnitts immer mehr super trendy Etablissements und eine sich beharrlich ausbreitende Terrassenkultur.

Alternative Adressen finden Sie in Noord, rund um den ›Kulturturm‹ A'DAM (▶ S. 75), auf dem Gelände der NDSM-Werft (s. S. 76) und auf dem Westergasterrein (s. S. 56).

Wundertüte Amsterdam

Im dichten Dschungel von Amsterdams Abend- und Nachtleben findet jedermann und jedefrau das Richtige. Wie überall auf der Welt pulsiert hier das Leben an Wochenenden besonders ausgelassen; doch auch unter der Woche brodelt das breit gefächerte Ausgehangebot in allen Ecken und Winkeln der Stadt – nur halt etwas weniger aufgeregt.

Viele Amsterdamer läuten ihr Abendprogramm bereits früh ein: Am Spätnachmittag zieht es sie in eines der hohen, lichtdurchfluteten Grand Cafés. Die Musik dort ist klassisch bis zeitgemäß und nie zu aufdringlich. Oder in ein Proeflokaal (Probierstube) mit oft musealem Charakter oder ein Bruin Café.

Die Bruine Cafés sind urgemütliche Amsterdamer Traditionslokale mit dunkelbraunen Wänden und ebensolchem Interieur. Sie sind Treffpunkte für Jung und Alt aus der Nachbarschaft, hier kann man in aller Ruhe sitzen, klönen und entspannen oder auch Dart oder Karten spielen. Und gerade im Jordaan treffen Sie in den Bruine Cafés noch auf waschechte Amsterdamer.

Nach dem Aufwärmen geht es im Dickicht des Nachtlebens weiter: ins Theater oder Ballett, in eine Comedy Show oder eines der unzähligen Konzerte. Bekannt ist Amsterdam insbesondere als Clubbing City, und seit es hier immer mehr 24-Stunden-Lizenzen gibt, gehen die Stroboskoplichter in der Stadt gar nicht mehr aus. Diese Lizenzen sind übrigens dem Amsterdamer Nachtbürgermeister zu verdanken, dem ersten weltweit. Zwischenzeitlich hat dieses Konzept viele Nachahmer gefunden.

Canvas – mit dem wohl schönsten Blick der Stadt

BARS UND (MUSIK-)KNEIPEN

Gute Cocktails
Bar Bukowski ☼ J 7

Die relaxte Bar ist nicht nur nach dem US-amerikanischen Literaten Charles Bukowski benannt, sondern huldigt seinem Lebensmotto »There is always a reason to drink« mit leckeren Cocktails. Aber keine Angst, bis nach Mitternacht gibt's dazu ein leckeres Bar Menu. Mit Terrasse. Auch tagsüber ein super Tipp.

Oosterpark 10, T 020 370 16 85, www. barbukowski.nl, Mo–Do 8–1, Fr 8–3, Sa 9–3, So 9–1 Uhr

Wunderbar relaxed
Chicago Social Club ☼ D 6

In dieser freundlichen, unaufgeregten Bar am verrückten Leidseplein fühlt sich ein buntes Publikum wohl. Kein Wunder, die Bedienung ist sehr freundlich, die Cocktails super, die Parties und Line-ups so unterschiedlich wie das Publikum. Und wer's aufregender und elitärer möchte: Im benachbarten **Jimmy Woo** hängt auch Rihanna ab, wenn sie in der Stadt ist.

Leidseplein 12, T 020 760 11 71, chicagosocial club.nl, So–Do 20–4, Fr, Sa 20–5 Uhr

Ganz leger am Wasser
Hannekes Boom ☼ Karte 2, F 1

Ein Ort am Wasser, wie ihn die Amsterdamer (und wir) lieben: relaxed zum Drinnen- und vor allem Draußensitzen, mit schönem Blick hinüber zum NEMO, vielen Konzerten und guten Biersorten. Wer ein Boot hat, legt direkt am Kai an. Im Winter lockt dann drinnen das Kaminfeuer.

Dijksgracht 4, T 020 419 98 20, www.hannekes boom.nl, So–Do 10–1, Fr, Sa 10–3 Uhr

Allabendlich Livemusik
Bourbon Street ☼ E 6

Zwischen all den Neppadressen am Leidseplein hat sich dieser kleine stimmungsvolle und unprätentiöse Jazz- und Bluesclub versteckt. Täglich Livemusik: Jazz, Blues, Soul oder Funk vom Feinsten.

Leidsekruisstraat 6–8, www.bourbonstreet.nl, So–Do 22–4, Fr, Sa 22–5 Uhr, ab 23 Uhr Livemusik, Mi–Sa Eintritt 3–5 € (vor 23 Uhr frei)

365 Tage Live Jazz im Jahr
Jazz Café Alto ☼ E 6

In netter Kneipenatmosphäre gibt es täglich Livemusik, vorwiegend Modern Jazz und Blues lokaler, aber auch internationaler Größen. Newcomer und alte Hasen.

Korte Leidsedwarsstraat 115, T 020 845 43 80, www.jazz-cafe-alto.nl, So–Do 21–3, Fr, Sa 21–4 Uhr, außer am WE fast immer freier Eintritt

Auf ein Glas! Der Barbetrieb in Amsterdam ist bunt und vielfältig.

Irische Institution
Mulligan's ☼ Karte 2, B/C 4/5

Es gibt viele Irish Pubs in Amsterdam, aber dieser ist der, den Sie besuchen sollten. Irische Amsterdamer, Whiskey-Kenner, Liebhaber dunklen Biers und keltischer Klänge sind hier am rechten Fleck. Solisten oder Gruppen bringen die Stimmung mehrmals in der Woche zum Sieden.

Amstel 100, mulligans.nl, Mo–Do 16–1, Fr 16–3, Sa 14–3, So 14–1 Uhr, Mi Backroom Session, Do–Sa Livemusik, auch So häufig Session

LIVEMUSIK UND TANZEN

Gemischtes Publikum
Hotel Arena ☼ J 6

In der Kapelle des ehemaligen Waisenhauses steigen oft freitags und samstags große Tanzevents. Hier trifft man auf eine interessante Mischung aus Hotelgästen, Touristen und Einheimischen. Bekannte DJs führen durch die Themenabende.

's Gravesandestraat 51, www.hotelarena.nl/en/ club-agenda, Partytime 22–4 Uhr

Tanzlokal für ein breites Publikum
Disco Dolly ☼ Karte 2, A 4

Disco Dolly tritt das Erbe der mehr als 35 Jahre an derselben Stelle erfolgreichen

Beliebt: ›Café Paradiso‹ – die Unplugged-Auftritte sind beim Publikum beliebt.

Studentendisco Dansen bij Jansen an. Das Konzept umfasst DJ Acts und Konzerte, aber auch Ausstellungen, Tanztheater, Oper – an sieben Tagen in der Woche! Nebenan wartet die gemütliche **Bloemenbar** (bloemenbar.nl) auf Gäste – bis 4 bzw. 5 Uhr früh!
Handboogstraat 11hs, T 020 620 17 79, www. discodolly.nl, So–Do 23–4, Fr, Sa 23–5 Uhr

Houseparties
Escape ✿ Karte 2, B 5
Überwiegend junges (touristisches) Publikum drängt sich vornehmlich zu kommerzieller House Music auf dem gigantischen Dancefloor. Licht- und Lasershow sowie Videoprojektoren sind sehr aufwendig. Wer am Wochenende hinein will, muss früh kommen oder lange Schlange stehen. Mit Café und Lounge. Alles sehr stylish.
Rembrandtplein 11, T 020 622 11 11, escape.nl, Mi, Do, So 23–4, Fr, Sa 23–5 Uhr, 16 € Eintritt, Toilette 0,50 €

Pop in der Kirche
Paradiso ✿ D 6
Im ›Tempel der Popmusik‹, wie das Paradiso gerne genannt wird, stimmt die Atmosphäre. Einst besuchten Gläubige hier den Gottesdienst, heute trifft man sich in der ehemaligen Kirche zum Abtanzen. Wenn möglich, sollten Sie die Galerie im großen Saal aufsuchen.
Weteringschans 6–8, T 020 626 45 21 www. paradiso.nl/en, Mitgliedschaft 3,50 € + Eintritt

Allrounder
Panama ✿ Karte 3
Der viel besuchte Nightclub in einem alten Speicherhaus ist nach wie vor ein Magnet für Nachtschwärmer – mit Tanznächten von Metal über Hip-Hop und Ibiza-Vibes bis zu 80er- und 90er-Jahre-Sounds. Mit Café und Restaurant.
Oostelijke Handelskade 4, Eingang Piet Heinkade, T 020 311 86 86, www.panama.nl

Gay, aber für alle offen
Club Nyx ✿ Karte 2, A 5
Erfolgreicher Gay Club, der aber allen offen steht – Hauptsache, die Gäste haben Spaß. Unprätentiös und hübsch bunt ausgestattet, wird hier auf drei Ebenen getanzt bis morgens früh, zu RnB, Hiphop, 80's classics, Techno oder einer Mischung aus allem. Donnerstags günstiger Studententarif (6 €, sonst ab 10 €).
Reguliersdwarsstraat 42, clubnyx.nl, Do 23–4, Fr, Sa 23–5 Uhr

Traumhafter Ausblick
Canvas ☼ H 8

Zum Volkshotel-Komplex (► S. 4) gehört auch der berühmte Club Canvas mit Panoramablick über die Stadt. Hier sitzt man draußen auf der kleinen Dachterrasse (und auch drinnen) bei guten Snacks und Cocktails hervorragend. DJs heizen am Wochenende ein (max. 7–12 €).

Wibautstraat 150, T 020 261 21 10, www. volkshotel.nl, tgl. 7–1, Club Fr, Sa 23–4 Uhr

BRUINE CAFÉS UND PROEFLOKALEN

Zeitreise ins Goldene Jahrhundert
De Drie Fleschjes ☼ Karte 2, B 2

Beim Betreten dieser schummrigen, kleinen Probierstube im Schatten der mächtigen Nieuwe Kerk wird man Jahrhunderte zurückkatapultiert. Die Inneneinrichtung von 1650, das winzige Kabinett mit nur einem Tischchen im hinteren Teil des Lokals, Fässer über Fässer und ganze Batterien seltener Flaschen ziehen nach Feierabend nicht nur Amsterdamer an.

Gravenstraat 18, T 020 624 84 43, dedrie fleschjes.nl, Mo–Sa 14–20.30, So 15–19 Uhr

Große Bierauswahl
In de Wildeman ☼ Karte 2, B 1

In dieser bereits 1690 gegründeten Likörbrennerei – die Probierstube entstand aus der Verschmelzung einer mittelalterlichen Kneipe mit einer Apotheke – sind 18 Biere vom Fass und 250 unterschiedliche Flaschenbiere im Ausschank.

Kolksteeg 3, T 020 638 23 48, indewildeman.nl, Mo–Do 12–1, Fr, Sa 12–2 Uhr

Zum Wohlfühlen
Oosterling ☼ F 6

Schon seit 1740 besteht das Bruin Café mit Spirituosenladen. Und bereits seit 130 Jahren ist es in der Hand einer Familie, die Wert auf eine besondere Atmosphäre legt. Große alte Fässer, der Granitfußboden und ein hölzerner, als Theke genutzter Ladentisch tragen viel zur Gemütlichkeit bei. Richtig heimelig wird's im Winter, wenn ein Feuer im Kanonenofen angefacht wird. Im Sommer dagegen lockt es die Gäste eher in den kühlen Schatten der Lindenbäume auf die Terrasse.

Utrechtsestr. 140, T 020 623 41 40, cafeoosterling. nl, Mo–Di 15–24, Mi–Sa 12–1, So 13–20 Uhr

GRAND CAFÉS

Traumhafte Terrassen
De Jaren ☼ Karte 2, B 4

Ganz dezent und ohne jedes überflüssige Beiwerk erstreckt sich das moderne De Jaren über zwei Stockwerke. Sobald es sich anbietet, sind die beiden zum Wasser hin gelegenen Terrassen, die eine auf Normal-Null-Niveau, die andere im ersten Stock, stets gut besucht. Bunt gemischtes Publikum. Internationale Presse am großen Lesetisch. Gute Weinkarte.

MIKROBRAUEREIEN

Craft- oder Mikrobrauereien sind auch in Amsterdam voll angesagt: Etwa ein Dutzend Kleinstbrauereien zählt die Stadt bereits – mit Luft nach oben. Das Probieren lohnt sich! Hier meine Favoriten: **Brouwerij 't IJ** mit herrlichem Proeflokaal (☼ K 5, Funenkade 7, www.brouwe rijhetij.nl), **Brouwerij De Prael** mit Probierstube (☼ Karte 2, C 2, Oudezijds Armsteeg 26, deprael.nl) und **Oedipus Brewing** mit Taproom (☼ J 2, Gedempt Hamerkanaal 85, oedipus.com). Gut sind auch die Biere von Brouwerij De 7 Deugden und Brouwerij de Vriendschap.

Wenn die Nacht beginnt

Nieuwe Doelenstraat 20–22, T 020 625 57 71, www.cafedejaren.nl/en, So–Do 8.30–1, Fr, Sa 8.30–2 Uhr

Früher wurden im Salonboot Patienten behandelt, heute bewirtet Reinhard von der Rederij de Jordaan hier seine Gäste – u. a. mit verrückten Anekdoten, etwa damit, dass er seine Fahrlizenz gewonnen hat (www.rederij dejordaan.amsterdam).

Ein bisschen Luxus

De Kroon ⚙ Karte 2, B 5
Warm, elegant und etwas schicker, bietet De Kroon einen imposanten Ausblick auf den Rembrandtplein. Freitag und Samstag Danceparties mit Megahits der Sparten Soulful House, R&B, Hip-Hop.
Rembrandtplein 17-I, T 020 625 20 11, www. dekroon.nl, So–Do 16–1, Fr 16–3/4, Sa 15–3/4 Uhr, Partys bis ca. 3.30 Uhr

Trendcafé

Luxembourg ⚙ Karte 2, A 4
Nach Büroschluss wird es hier mit einem Mal lebhaft. Bei jungen wie älteren ›Geschäftstüchtigen‹ liegt dieses großzügige Café voll im Trend, hier lassen sie

den Tag Revue passieren. Ausgezeichnet bestückte internationale Lesetafel.
Spui 24, T 020 620 62 64, www.cafeluxembourg. amsterdam, So–Do 9–24, Sa 9–1 Uhr

KULTURZENTREN UND ›BRUTPLÄTZE‹

Etablierte Kulturstätte

De Balie ⚙ D 6
Überwältigende Kulturbörse: Neben Theater- und Filmaufführungen (u. a. deutsche Filmreihen, Film + Dinner), Lesungen und (Foto-)Ausstellungen gibt es viel Raum für politische Vorträge, Diskussionen und Tanz am Wochenende. Mit schöner Café-Bar.
Kleine Gartmanplantsoen 10, www.debalie.nl, Mo 9–23, Di–Do 9–24, Fr 9–2, Sa 10–2, So 10–23 Uhr

---

DIE WELT DER BEWEGTEN BILDER

In den Niederlanden laufen alle Filme in Originalversion mit holländischen Untertiteln. Im kostenlos ausliegenden »Filmkrant« ist das aktuelle Kinoprogramm abgedruckt. Infos zum aktuellen Programm erhält man auch bei Belbios (www. belbios.nl). Im Folgenden sind einige Kino-Highlights aufgeführt: Zwei der interessantesten Programmkinos sind **Filmtheater De Uitkijk** (⚙ E 6, Prinsengracht 452, www. uitkijk.nl) mit u. a. unterschiedlichen Filmreihen und **The Movies** (⚙ E 2, Haarlemmerdijk 161, www. themovies.nl). Dieses schöne alte Filmtheater mit Restaurant steht als Art-déco-Kino zwar im Schatten des größeren Tuschinski (s. u.), bringt aber das anspruchsvollere Programm: ausgewählte neue Filme, Filmreihen, Kindermatineen etc. Blockbuster in pompösem Setting gibt's im luxuriös-plüschigen Art-déco-Filmpalast **Pathé Tuschinski** (⚙ F 5, Reguliersbreestraat 34, www.pathe.nl/bioscoop/tuschinski).

Subkultur
De Nieuwe Anita ☼ C 4

Auf der Galerie oben wartet eine gemütliche Bar, während unten die Post abgeht: bei Tanzpartys (Fr, Sa, ca. 8 €), Untergrundfilmen, zu alternativer Musik. So manche Band wurde hier bereits entdeckt. Montag ist Filmabend abseits des Mainstream (3 €), vorher und donnerstags lockt das 3-Gänge-Robin-Food-Menü (ab 18 Uhr, 11 €; reservieren), dienstags gibt's Akustikmusik (Spende 2 €).
Frederik Hendrikstraat 111, www.denieuweanita. nl, Mo–Do 20–1, Fr, Sa 20–2 Uhr, So s. Website

Einfach legendär
Melkweg ☼ D 6

Legendär ist der Ruf dieses Kulturzentrums, heute vor allem wegen des riesigen Konzertangebots – ein Mekka (nicht nur) für Popfreunde –, früher für ungebremsten Haschkonsum. Das Melkweg ist ein Allrounder: mit Clubnächten, Filmprogramm, Theateraufführungen, Disco, Ausstellungen, Kinderveranstaltungen und Café.
Lijnbaansgracht 234a, T 020 531 81 81, www. melkweg.nl, Mitgliedschaft 4 € + ggf. Ticket

Alternativ und anspruchsvoll
Mediamatic ☼ H 3

Auch nach seinem Umzug in Richtung Zentrum bewegt sich Mediamatic im Spannungsfeld elektronischer Medien, von Kunst, Design, Mode und Philosophie mit u. a. Ausstellungen, Lesungen und Diskussionen. Mit schönem Restaurant im alten Gewächshaus direkt am Wasser (So–Di nur Pizza, Mi–Sa normale Karte und Mezze).
Dijkspark 6, T 020 638 99 01, www.media matic.net, Mo–Mi 9–22, Do, Fr 9–24, Sa 11–24, So 11–22 Uhr

Abseits des Mainstream
Bitterzoet ☼ Karte 2, B 1

Bitterzoet, zu Deutsch ›Bittersüß‹, ist nicht nur eine Bar, sondern auch ein Podium für Livekonzerte, Singer-Songwriter und DJs sowie ein Theater (viel RnB und Hip-Hop; Tickets 8–23 €). In dem kleinen, feinen Club trifft sich ein bunt gemischtes Publikum, das gerne feiert – wie's scheint, hat das super freundliche Personal auch seinen Spaß.
Spuistraat 2hs, T 020 421 23 18, bitterzoet.com, Mo–Do 20–3, Fr, Sa 20–4, So 15–21 Uhr

Aus- und Einblicke
Tolhuistuin ☼ G 2

Das Kultur-, Film- und Konzertzentrum ist nur wegen seiner Lage direkt am IJ, sondern auch wegen seines Programms außergewöhnlich. Jeden Tag ist was anderes los: Konzerte, Filme, Theater, Ausstellungen oder man isst oder trinkt einfach nur gut (www.tht.nl)! Mit Garten.
IJpromenade 2, T 020 763 06 50, tolhuistuin.nl, tgl. ab 11 Uhr, So ab 14 Uhr Gratis-Livemusik

---

THEATERLANDSCHAFT AMSTERDAM

Amsterdam ist eine Stadt der Bühnen – klassisches, modernes und experimentelles Theater sowie Kabarett stehen überall auf dem Spielplan. Doch die Sprachbarriere hindert die meisten deutschen Besucher daran, diese Seite des Kulturbetriebs näher kennenzulernen. Eine deutschsprachige Bühne gibt es seit geraumer Zeit nicht mehr. Dennoch kommen Theaterbegeisterte auf ihre Kosten: auf dem jährlich am letzten Augustwochenende stattfindenden **Uitmarkt**, einem der spannendsten Kulturfestivals der Stadt. Hier geben Theater-, Tanz- und Musikgruppen Kostproben aus dem Programm der kommenden Saison (uitmarkt.nl). Interessant ist auch das **ITs Festival**, das Internationale Theaterschulenfestival. Sechs Tage lang stellen im Juni junge Leute aus den Sparten Kleinkunst, Theater, Tanz, Oper, Regie und Musik ihr Können unter Beweis (www.itsfestival.com). Und im September begeistert das **Amsterdam Fringe Festival** seine Gäste: an elf Tagen und mit mehr als 80 Vorstellungen an mehr als 30 Orten in den Sparten Performances, Live Art, (Musik-)Theater, Tanz etc. (amsterdamfringefestival.nl).

Hin & weg

Wer nach Amsterdam reist, der nutzt entwedet Pkw, Zug, Fernbus oder das Flugzeug. Wer fliegt, landet am **Flughafen Schiphol** (ᗕ Karte 4, T 020 794 08 00, www.schiphol.nl).
Der Flughafen liegt ca. 18 km südwestlich von Amsterdam an der A 4 und ist gut ans Stadtzentrum angebunden. Außer mit dem Leihwagen gelangen Sie mit Bahn, Bus oder Taxi in die Stadt (Infos über An- und Abreise: aus NL über T 09 00 92 92 oder www.9292ov.nl).

Mit der Bahn in die Stadt
Am einfachsten und schnellsten ist es, den Schnellzug ins Zentrum zu nehmen. Der Ausgang zum Bahnhof befindet sich direkt gegenüber vom Zoll. Wer schnell zum Bahnhof muss, kann über den Terminal-Bahnweg abkürzen.
In der Regel verlässt alle 7–10, spätestens alle 30 Min. eine Bahn den Flughafen in Richtung Hauptbahnhof (Centraal Station), von 1 bis 5 Uhr nur im Ein-Stunden-Takt. Fahrtdauer max. 25 Min., Preis einfache Fahrt 2. Kl. 4,30 €. Fahrplanauskunft im Internet: www.ns.nl oder www.bahn.de.

Mit dem Bus in die Stadt
Der Connexxion Schiphol Hotel Shuttle fährt von 6.30 bis 21 Uhr (mind. im 30-Min.-Takt) mehr als 100 Hotels im Zentrum an. Dauer ca. 50 Min., Flughafen-Haltestelle Plattform A7, T 0031 88 339 47 41, www.schiphol hotelshuttle.nl, einfache Fahrt 17,50 €, hin und zurück 28 €, Tickets vorab online buchen, Infos am Amsterdam Shuttle Desk (Arrivals 4, 7–21 Uhr).
Eine Direktverbindung mit dem Zentrum unterhalten auch der Amsterdam Airport Express (Busnr. 397, Ticket einfach 6,50 €, hin und zurück 10 €) und der Niteliner Schiphol Airport (Busnr. 97).
Infos: www.connexxion.nl.
Buslinie 300 fährt Amsterdam Bijlmer an, also den Amsterdamer Süden.
Infos: www.connexxion.nl.

Mit dem Taxi in die Stadt
Wer ein Taxi nimmt, zahlt ca. 40 €.
Die Fahrt dauert gut 20 Min. Infos T 020 777 77 77 oder www.tcataxi.nl.

Ist der Pkw eine Alternative?
Die Anreise nach Amsterdam ist einfach, doch sollten Sie trotzdem auf das Auto verzichten. Der Verkehr in der Stadt ist für Fremde unübersichtlich und nervenaufreibend, insbesondere aber ist das Parken schwierig und sehr teuer.

P + R-Parkplätze: Das Auto am besten auf diesen Parkplätzen am Stadtrand (Autobahnring A 10) abstellen. Zug, Metro, Tram und/oder Bus verkehren von dort im Pendelverkehr zum Zentrum. P + R-Parkplätze sind im Südosten ArenA, im Südwesten Olympiastadion und VUmc, im Süden RAI, im Nordwesten Sloterdijk, im Westen Bos en Lommer und im Nordosten Zeeburg I und II.
Infos zum P + R: www.iamsterdam.com/ de/planen-sie-ihre-reise/transport/parken-in-amsterdam/parken-und-reisen.
Das P + R-Ticket kostet bei allen Einrichtungen 8 € für 24 Std., dann für weitere 24 Std. 1 €. Wer nach 10 Uhr oder am Wochenende parkt, zahlt für 24 Std. nur 1 €. Die maximale Parkdauer für diese Tarife sind 96 Std. Achtung: Das Ticket für den ÖPNV in Richtung City *muss* innerhalb einer Stunde nach dem Parken gelöst werden bzw. *müssen* die Parkgebühren bei der Rückfahrt eine Stunde nach dem letzten ÖPNV-Checkout bezahlt werden – sonst wird es richtig teuer! Vergünstigte Tarife bei ArenA und Olympiastadion gelten nur, wenn dort keine Großveranstaltungen stattfinden.

Bei den **Visitor Information Centres** gibt es nicht nur Infos, die Mitarbeiter sind auch bei der Zimmersuche behilflich, organisieren und buchen Rundfahrten und Ausflüge und verkaufen

Museumstickets, Stadtpläne und -führer, Broschüren und Spazierrouten, Fahrrad- und Wanderkarten. Darüber hinaus gibt es dort auch Veranstaltungsinfos sowie Souvenirs aller Art.

I amsterdam Visitor Centres: Stationsplein 10 gegenüber vom Hbf. (🗺 Karte 2, C 1), T 020 702 60 00, www.iamsterdam.com/de/planen-sie-ihre-reise/amsterdam-touristische-informationen, tgl. 9–17 Uhr, im Winter sonntags geschl.; am Flughafen Schiphol (🗺 Karte 4), Ankunftshalle 2 an der Schiphol Plaza, tgl. 7–22 Uhr.

Die umfassende Website **www.iamster dam.com/de** kann bei der Vorplanung des Aufenthalts enorm helfen. Eine Fülle von Infos zu allen Aspekten des Stadtlebens, von Sightseeing und Veranstaltungen über Einkaufen und Ausgehen bis hin zu Unterkünften sowie vielerlei Hintergrundinfos zu diversen Themen, z. B. Dutch Design, Märkte etc. Extrahinweise zu Unterwegs mit Kindern, Festen und Festivals, Menschen mit Handicap etc.

LAST MINUTE TICKET SHOP

Hier bekommt man viele Tickets für denselben Tag zum halben Preis! Achtung: Die Tickets sind ausschließlich im Webshop unter www.lastminuteticket shop.nl zu kaufen! Der Online-Kartenverkauf startet tgl. ab 10 Uhr und endet 1 Std. vor der Veranstaltung (max. zwei Tickets/Person). Auf jedes Ticket entfallen 2,50 € Reservierungsgebühr. Mehr als 30 namhafte Spielstätten sind dem Last Minute Ticket Shop angeschlossen, u. a. Het Concertgebouw, Melkweg und Nationale Opera & Ballet.

I AMSTERDAM CITY CARD

Die Chipkarte ist bei den I amsterdam Visitors Centres am Stationsplein (🗺 Karte 2, C 1) und am Flughafen (🗺 Karte 4) für 1, 2, 3 oder 4 Tage erhältlich (59, 74, 84 oder 98 €). Mit der Karte ist der Eintritt für mehr als 60 Museen und Attraktionen gratis, außerdem die Benutzung des ÖPNV und eine Grachtenrundfahrt.

Typisch Amsterdam am Oudezijds Kolk

Auf einige weitere Einrichtungen – Boom Chicago, Madame Tussauds, Mokumboot, Koninklijk Concertgebouw, MacBike etc. –, bei mehreren Stadtrundfahrten sowie bei diversen Restaurants, Cafés, Kneipen und Musikveranstaltern gewährt die I amsterdam City Card 25 % Rabatt. Ein Gratis-Stadtplan gehört auch zum Paket.

Ob sich der Erwerb der Karte für Sie lohnt, ist letztlich ein Rechenexempel. Die Eintritte in die Museen sind hoch (einige Museen gewähren nur reduzierten Eintritt!), eine Grachtenrundfahrt ist inklusive, die Nutzung des ÖPNV auch – wenn Sie vorher schon wissen, wo's hingehen soll, kann der Kauf einer I amsterdam City Card durchaus empfehlenswert sein.

Infos: www.iamsterdam.com/de/i-am/i-amsterdam-city-card.

REISEN MIT HANDICAP

Rollstuhlfahrer, aber auch Seh- und Hörgeschädigte haben mit engen Grachtenstraßen, dem Auf und Ab des Kopfsteinpflasters, Kanten und Absperrungen sowie rasenden Rad- und Autofahrern zu kämpfen. Sehr hilfreich ist die für die Niederlande/Amsterdam gemachte Website www.accessibletravelnl.com. Einen gratis **Amsterdam-Reiseführer** für Reisende mit Handicap gibt es hier: www.iamsterdam.com/de/planen-sie-ihre-reise/praktische-informationen/behinderte.

Alle neuen Trams und Busse sowie die Metro sind für Rollstuhlfahrer zugänglich. Und auch immer mehr Bushaltestellen werden umgebaut, sodass Menschen im Rollstuhl oder mit motorischen Einschränkungen einsteigen können (en.gvb.nl/reizen/toegankelijk-ov). Auch die niederländische Bahn (NS) bietet einen Service für Gehbehinderte und Rollstuhlfahrer an (https://www.ns.nl/en/travel-information/traveling-with-a-functional-disability).

Große Museen, Kinos und Theater verfügen meist über Rampen. Für Seh- und Hörgeschädigte gibt es dagegen kaum Hilfsmittel. Auf der Website www.iens.nl gibt der Zusatz »Toegankelijk voor rolstoelen« Hinweise auf barrierefreie Restaurants (unter dem Restaurantnamen).

SICHERHEIT UND NOTFÄLLE

Im Notfall reicht eine Nummer, die von jedem Handy oder Festnetztelefon kostenlos erreichbar ist: **112**. Diese verbindet mit der Notrufzentrale, die dann je nach Art des Notfalls an Polizei, Feuerwehr oder Rettungsdienst weitervermittelt.

Feuerwehr, Polizei, Ambulanz – T 112
Pannenhilfe – T +31 88 269 22 22 (ANWB) oder **ADAC-Auslandsnotruf** T +49 89 22 22 22
Sperrung von Bankkarten – T +49 116 116
Notruf der Hausärzte – Amsterdam Tourist Doctors, T 020 237 36 54, www.amsterdamtouristdoctors.nl; Hilfe für Touristen 24 Std./Tag, sieben Tage/Woche
Krankenhaus mit Erster-Hilfe-Station – T 020 599 91 11, Onze Lieve Vrouwe Gasthuis (OLVG), Oosterpark 9, Notaufnahme-Eingang Ruyschstraat
Apotheken-Nacht-/Wochenenddienst – Jan Tooropstraat 164 (OLVG)
Diplomatische Vertretungen Deutschland – T 020 574 77 00, www.den-haag.diplo.de
Österreich – T 020 471 24 38, www.bmeia.gv.at
Schweiz – T 020 717 34 16, www.eda.admin.ch/niederlande

UMWELTFREUNDLICH UNTERWEGS

Amsterdam verfügt über ein hervorragendes Netz öffentlicher Verkehrsmittel mit 14 Straßenbahn- (Tram-), 44 Bus-, fünf Metro- und sieben Gratis-Fährlinien sowie zwölf gut vernetzten Nachtbusverbindungen (0.30–ca. 7 Uhr; spezieller Tarif). Die Metro eignet sich vor allem für weitere Strecken und für den Stadtteil Noord.

Auskünfte: Die komplette Übersicht über das Streckennetz gibt es bei den Städtischen Verkehrsbetrieben GVB gegenüber vom Bahnhof (GVB, Mo–Fr 7–21, Sa 8–21, So 9–21 Uhr). Übersichtspläne der Linien und Zonen hängen auch an den Haltestellen. Infos/Downloads: www.gvb.nl. Gratis-App zum ÖPNV in den Niederlanden: www.moopmobility.nl/apps-voor-ov/gvb (auf Niederländisch).

Für Metro, (Nacht-)Bus, Tram von GVB ist die **OV-Chipkarte** gültig. Für Touristen empfehlen sich die Tageskarten (1- bis 7-Tage-Tickets, 7,50–34,50 €; für Kinder ermäßigte Karten). Tages/Mehrtageskarten erhält man beim GVB, den Tourist Offices, z. T. in den Metrostationen und die Tageskarte auch in Tram und Bus. Die Chipkarten müssen bei jedem Ein- und Ausstieg an dem dafür vorgesehenen Gerät eingelesen werden. Einmalig kann man auch die 4–5 Jahre gültige persönliche OV-Chipkaart für 7,50 € erwerben (plus 5 € Startkapital), die beliebig aufladbar ist. In Tram und Bus gibt es auch 1-Stunden-Karten für 3 € (nicht gültig für Nachtbusse). Eine Nachtbusfahrt kostet 4,50 € (12 Fahrten 34 €, 1,5 Std. gültig, inkl. umsteigen). Infos zum Kartensystem: en.gvb.nl/ontdek-amsterdam (auf Englisch).

Wollen Sie besonders milieuverträglich unterwegs sein, steigen Sie aufs **Leihfahrrad!** Amsterdam ist die Fahrradstadt schlechthin, es gibt unzählige Leihstationen mit Rädern jeden Typs.
Für Anfänger heißt es allerdings aufpassen, bis sie sich an die äußerst schnelle und ruppige Fahrweise gewöhnt haben. Ein Plus sind die zahlreichen Radwege. Beim I amsterdam Visitor Centre ist ein Stadtplan für Radfahrer erhältlich, außerdem können Sie über www.iamsterdam.com/en/plan-your-trip/getting-around/cycling/cycling-safely die Broschüre »Happy cycling is safe cycling« herunterladen. Am Bahnhof und auf großen Plätzen gelten bestimmte Regeln für das Parken der Räder, etwa in bestimmten ausgewiesenen Zonen. Am Besten beim Verleiher nachfragen.

STADTRUNDFAHRTEN

Unter dieser Bezeichnung bietet auch in Amsterdam ein **Hop-on-Hop-off-**Linienbus die Möglichkeit, wichtige Sehenswürdigkeiten individuell und bequem zu entdecken. Infos: www.hop-on-hop-off-bus.com/de/amsterdam-bus-touren. Hop on hop off der anderen Art – auf dem Wasser: Das **Hop on Hop off Boat** verbindet sechs Haltestellen im Zentrum miteinander. Infos zu Kombitickets, Route, Zeitplan etc. unter www.stromma.nl. Die **umweltfreundlichen Elektroboote** der Open Boat Tours bedienen mehrere Linien. Infos: www.stromma.nl.

Auf der Liste der empfehlenswerten Touren stehen für mich: **Canal House & Garden Tour –** lernen Sie alte Grachtenhäuser, Gärten unterschiedlichsten Stils und lauschige Innenhöfe kennen (www.uhgt.nl/en). **Architekturführungen** bieten u. a. die deutsche Architekturjournalistin Anneke Bokern von Architour (www.architour.nl), die kleine, feine Agentur ArchEX (archex.info), die deutsche Journalistin Anneke Wardenbach (anneke.wardenbach.info) und der Architekturhistoriker Alex Hendriksen (auf Engl., www.architectuurtoursamsterdam.nl) an. **Rembrandt-Führungen** zur »Nachtwache«, auf den Spuren seines bekanntesten Gemäldes (www.denachtwacht-themakingof.nl).

ÜBRIGENS

Amsterdam ist genauso sicher oder unsicher wie jede andere gut besuchte Weltstadt. Dort, wo besonders viel los ist, am Bahnhof, im I amsterdam Visitor Centre, am Leidseplein, bei den großen Museen, in den Straßenbahnen (insbesondere Linien 1, 2 und 5) und Einkaufsstraßen, sollten Sie auf Wertsachen besonders gut aufpassen.

O-Ton Amsterdam

koffie verkeerd

wörtl. falscher Kaffee
Milchkaffee

Mokum

wörtl. Stadt, sicherer Hafen
*jiddischer Spitzname
für Amsterdam*

DROLLETJE

wörtl. Köttel
*liebevoll: kleines
Scheißerchen*

kopstoot

wörtl. Kopfstoß
*ein Gedeck
(Bier & Jenever)*

Hé, wat leuk!

»Ach, wie nett!«
*passt auf alles, bedeutet auch witzig, lustig,
komisch; wird gerne und oft gebraucht*

muisjes

wörtl. Mäuschen
gezuckerte Anissamen (gerne aufs Brot)

KRIJG NOU TIETEN!

wörtl. Das ist ja zum
Titten kriegen!
Ausruf der Verwunderung

lieveheersbeestje

wörtl. die Bestie des Hergotts
Marienkäfer

pindarotsje

wörtl. kleiner Erdnussfelsen
Schokocrossies mit Erdnüssen

gezellig

gemütlich, behaglich
*ein nicht präzise zu über-
setzender Gemütszustand,
der großes Wohlbehagen
ausdrückt*

echt lekker

*braucht keine Übersetzung, nur dass hier auch Mädchen
›lekker‹ sein können …*

Register

Register

Das Klima im Blick

Reisen bereichert und verbindet Menschen und Kulturen. Wer reist, erzeugt auch CO_2. Der Flugverkehr trägt mit bis zu 10 % zur globalen Erwärmung bei. Wer das Klima schützen will, sollte sich – wenn möglich – für eine schonendere Reiseform entscheiden oder die Projekte von atmosfair unterstützen. Flugpassagiere spenden einen kilometerabhängigen Beitrag für die von ihnen verursachten Emissionen und finanzieren damit Projekte in Entwicklungsländern, die dort den Ausstoß von Klimagasen verringern helfen (www.atmosfair.de). Auch der DuMont Reiseverlag fliegt mit atmosfair!

Abbildungsnachweis

DuMont Bildarchiv, Ostfildern: S. 14/15, 34, 56 (Linkel)

Epsilon Verlag, Nordhastedt: S. 120/9

Glow Images, München: S. 52 (imageBROKER/Sanchez)

Davide Illini, Milano: Titelbild, Faltplan

laif, Köln: S. 120/1, 120/4 (Archivio GBB/Contrasto); 36, 53, 97, 98 (Gonzalez); 104 (Gumm); 93 (Haeberle); 32 (hemis.fr/Frilet); 16/17, 35, 59, 120/5 (Hollandse Hoogte); 21 (Hollandse Hoogte/Huibers); 77 (Hollandse Hoogte/Miller); 4 u., 20 (Jaeger); 86 (Le Figaro Magazine/Gladieu); 27, 51, 64, 78/79, 94 (Linkel); 66 (Polaris/Koopmanns); 120/6 (Polaris/Macleod); 90 (Rapho/Testelin); 12/13, 120/7, Umschlagklappe vorn (REA/Jans); 71 (Redux/New York Times/Wouters)

Look, München: S. 4 o. (Limberger)

Lucia Lehmann, Köln: S. 57, 88, 100, 105, 108

Mauritius Images, Mittenwald: S. 37 (age/Bilbao); 44, 60, 61, 74 (Alamy); 31 (Alamy/Bettex); 22 (Alamy/Bosma); 24 (Alamy/Gibbs); 111 (imageBROKER/Hess); 47 (imageBROKER/Zaglitsch); 73 (Travel Collection); 42, 83 (Wrba)

picture-alliance, Frankfurt a. M.: Umschlagklappe hinten (ANP)

Rika Studios, Amsterdam: S. 120/8

Schapowalow, Hamburg: S. 8/9 (SIME/Vaccarella)

Susanne Troll, Köln: S. 7, 38, 40, 68, 76, 82, 95, 96, 120/2

Susanne Völler, Köln: S. 48, 70, 80, 84, 92, 101, 102, 106, 107

Wikimedia Commons: S. 120/3 (Antonisse/Anefo; CC BY-SA 3.0)

Zeichnungen S. 2, 11: Gerald Konopik, Fürstenfeldbruck

Zeichnung S. 5: Antonia Selzer, Lörrach

© VG Bild-Kunst, Bonn 2018: S. 35: 180-Nationen-Teppich »Meine Stadt«, Barbara Broekman

Kartografie

DuMont Reisekartografie, Fürstenfeldbruck

© DuMont Reiseverlag, Ostfildern

Umschlagfotos

Titelbild: Cycling in Amsterdam

Umschlagklappe hinten: Bauarbeiten am Damrak im Jahr 1964 – Tannenpfähle setzen für ein Kaufhaus

Hinweis: Autorin und Verlag haben alle Informationen mit größtmöglicher Sorgfalt geprüft. Gleichwohl sind Fehler nicht vollständig auszuschließen. Alle Angaben erfolgen ohne Gewähr. Bitte schreiben Sie uns! Über Ihre Rückmeldung zum Buch und Verbesserungsvorschläge freuen sich Autorin und Verlag:

DuMont Reiseverlag, Postfach 3151, 73751 Ostfildern,

info@dumontreise.de, www.dumontreise.de

FSC
www.fsc.org
MIX
Papier aus verantwortungsvollen Quellen
FSC® C124385

2., aktualisierte Auflage 2019
© DuMont Reiseverlag, Ostfildern
Alle Rechte vorbehalten
Autorin: Susanne Völler; mit Texten von Jaap van der Wal
Grafisches Konzept: Eggers+Diaper, Potsdam
Printed in China

Baruch de Spinoza

Philosoph und Sohn jüdischer Immigranten, die Amsterdam für seine Toleranz schätzten. Ironie des Schicksals: Mit 23 Jahren wurde Spinoza als zu freidenkend aus der jüdischen Gemeinde verbannt.

Amsterdammertje

Nicht nur einfach ein Straßenpoller, sondern im Miniaturformat mit den Andreaskreuzen ein beliebtes Souvenir … Wer mag, kann auch ein Original erwerben, das rot-braune Straßenmobiliar wird nämlich nach und nach verscherbelt.

Annie M. G. Schmidt

Die ›holländische Astrid Lindgren‹, die so wunderbare Figuren wie Jip und Jannecke, Pluck oder die ›Stampferchen‹ erschuf. Mit Pluck habe ich die unregelmäßigen holländischen Verbformen gelernt.

Anne Frank

»Mein Kummer verschwindet, mein Mut lebt wieder auf«, schrieb das Mädchen aus dem Hinterhaus wenige Woche vor seiner Entdeckung im August 1944.

Herman Brood

Prototyp des abgerissenen Rockstars, der alkohol- und drogensüchtig war und dies auch in seinen Liedern thematisierte. Konnte das Leben nicht mehr ertragen und sprang 2001 in den Tod.

Johan Cruyff

König Johan ist tot – er hat den Fußball schöner gemacht. Über den ›Erlöser‹ (El Salvador, wie ihn die spanischen Fans nannten) heißt es: »Das moderne Spiel ist ohne ihn undenkbar.«

Ron Blaauw

Der Koch wollte seine Michelinsterne nicht mehr, sondern seine Freiheit zurück. Davon haben alle etwas: Kein Gericht kostet über 15 €. Und einen Stern bekam er dann doch …

Ulrika Lundgren

Die Style-Lady aus Schweden hat ihr Label RIKA in ihrer Wahlheimat in wenigen Jahren zur Marke gemacht. Ihre Mode? Urban, feminin, lässig, detailverliebt.

FRANKA

In einem liebevoll gezeichneten Comic à la Spirou eilt Privatdetektivin Franka mit Hund Boris bislang durch gut zwei Dutzend Amsterdamer Kriminalgeschichten.